Rudolph Weigel

Sammlung von Radierungen alter und neuer Meister

Rudolph Weigel

Sammlung von Radierungen alter und neuer Meister

ISBN/EAN: 9783743436664

Hergestellt in Europa, USA, Kanada, Australien, Japan

Cover: Foto ©Thomas Meinert / pixelio.de

Manufactured and distributed by brebook publishing software (www.brebook.com)

Rudolph Weigel

Sammlung von Radierungen alter und neuer Meister

RUDOLPH WEIGEL'S KUNST-AUCTION.

CATALOG

der von dem verstorbenen

Kaiserlich Französischen Legationsrath und Consul

Herrn Charles Groux,

Offizier der Ehrenlegion und Inhaber der St. Helena Medaille in Hamburg

hinterlassenen reichen Sammlung

von

Radirungen

alter und neuer Meister,

worunter sich die fast vollständigen Werke von A. Waterloo und J. J. de Boissieu in trefflichen Exemplaren auszeichnen,

nebst

Bildwerken,

meist Prachtwerke in malerischen Lithographien, Stahlstichen etc.

von englischen und französischen Meistern,

und einem Anhang von guten Kupferstichen

welche

Montag den 2. Juli 1866

und folgende Tage

zu Leipzig

im R. Weigel'schen Kunst-Auctions-Lokal, Königsstr. No. 1

durch

Herrn Raths-Proclamator Engel

gegen baare Zahlung in Courant öffentlich versteigert werden.

Leipzig,

Druck von Bär & Hermann.

1866.

Leipziger Kunstauction.

Der Unterzeichnete übernimmt und besorgt den Verkauf sowohl grosser Sammlungen als kleiner Beiträge von Kupferstichen, Handzeichnungen, Oelgemälden, Kunstbüchern etc. durch Auctionen, welche unter seiner Garantie von dem verpflichteten Proclamator abgehalten werden. Das Vertrauen, welches während achtzig Jahren Käufer und Verkäufer den von ihm und seinen Vorfahren veranstalteten Auctionen schenkten, beruht vor allem auf der gewissenhaften Anfertigung der Cataloge und pünktlichen Ausführung der Aufträge. Diejenigen öffentlichen Kabinette und Kunstfreunde, welche Doubletten oder Sammlungen versteigern lassen wollen, belieben sich der Bedingungen wegen an ihn zu wenden.

Rudolph Weigel.

Zur gef. Beachtung.

Die Versteigerung geschieht gegen baare Zahlung und werden die auswärtigen Käufer ersucht, ihre Commissionaire mit Baarkasse zu versehen.

Aufträge erbittet man sich spätestens 8 Tage vor der Versteigerung, doch macht man aufmerksam, dass denselben entweder ein Theil des muthmasslichen Erstehungsquantums baar oder Accreditive auf hiesige Banquierhäuser beizufügen sind, oder auch dass durch Postvorschuss der Betrag des Erkauften nachgenommen werden darf, ohne welche Sicherheitsstellung jene unberücksichtigt gelassen werden.

Es wird ferner ersucht, die Preise bei den Aufträgen genau zu bestimmen, da es bei den vielen Commissionen zu oft in Verlegenheit führt, wenn approximative Gebote gethan werden; wenn ein Gebot um wenige Groschen nicht überschritten worden, ist keineswegs anzunehmen, dass es der Auftraggeber deshalb erlangt haben würde, sondern dass höhere Limiten vorlagen, und versteht es sich ohnehin von selbst, dass derjenige welcher das höchste Gebot gethan, die betreffende Nummer auch nur erhalten und verlangen kann.

Nachstehende Buch- und Kunsthandlungen übernehmen Aufträge:

Aachen	Cremer'sche Buchhandlung.
Altenburg	O. Bonde. — Schnuphase'sche Buchhandlung.
Altona	A. Lehmkuhl & Comp.
Amsterdam . . .	F. Buffa & fils. — J. H. A. Jonkers. — Joh. Müller.
Augsburg	F. Ebner. — von Jenisch & Stage'sche Buchh.
Bamberg	Buchner'sche Buchhandlung.
Basel . . .	H. Fischer & Co. — J. L. Fuchs & Co. — Rud. Lang. — Neukirch'sche Buchhandlung.
Berlin . . .	Amsler & Ruthardt. — Besser'sche Buchhandlung. — A. Edinger. — C. G. Ende. — Enslin'sche Buchhdlg. — L. E. Lepke. — Mittler'sche Sort.-Buchhandlg. — Nicolai'sche Sort.-Buchhandlg. — Oehmigke's Buchhdlg. — Gebrüder Rocca. — H. Sagert & Comp. — Schneider & Comp. — E. H. Schroeder. — J. A. Stargardt.
Bernburg	A. Schmelzer.
Bonn	M. Cohen & Sohn. — A.. Marcus.
Braunschweig . . .	G. C. E. Meyer sen. — R. Ramdohr's Hof-Kunsthandlung.

Bremen	J. G. Heyse's Sort.-Buchh. (C. E. Müller). — H. L. J. Kraus. — Kühtmann & Comp. — H. Strack.
Breslau	Gosohorsky's Buchhdlg. — W. G. Korn. — J. Max & Comp.
Brüssel	Goupil & Co. — C. Muquardt.
Cassel	Bertram'sche Buchhdlg. — H. Jungklaus.
Coburg	Meusel & Sohn.
Cöln	Du Mont-Schauberg'sche Buchh. — J. M. Heberle. — Joh. Heinrigs. — J. J. Pricken, Kunsthdlg. — Rommerskirchen's Buchh. — Schmitz's Sort.-Buchh.
Copenhagen	G. E. C. Gad. — Th. Lind. — C. C. Lose — C. A. Reitzel's Buchh.
Cracau	D. E. Friedlein.
Danzig	L. G. Homann's Buchhandlung. — L. Saunier. — B. Const. Ziemssen.
Dorpat	E. J. Karow.
Dresden	E. Arnold. — A. Apell. — Fr. v. Boetticher. — E. Geller. — F. C. Janssen. — Frau Lotzmann, Friedrichstrasse 23. — Proclamator Friedr. Rud. Meyer. — A. Reichel. — Rich. Zeune, Räcknitzplatz Nr. 9.
Düsseldorf	Ad. Gestewitz. — A. W. Schulgen. — Ed. Schulte.
Elbing	Neumann-Hartmann.
Erfurt	C. Villaret.
Florenz	L. Bardi.
Frankfurt a. M.	Jos. Baer. — Isaak St. Goar. — H. Keller. — F. A. C. Prestel. — C. Schoemann. — K. Th. Völcker.
Gent	C. Muquardt.
Görlitz	C. A. Starke.
Gotha	E. F. Thienemann.
Göttingen	Dieterich'sche Buchhandlung.
Haag	M. Nijhoff. — A. G. de Visser.
Hagen	Gust. Butz.
Halle	Lippert'sche Buchhdlg. — H. W. Schmidt's Sort.-Buchhdlg.
Hamburg	Wilh. Becker's Kunsthdlg. — B. S. Berendsohn. — Hoffmann & Campe. — Makler C. Meyer. — W. Mauke's Söhne.
Hannover	Hahn'sche Hofbuchhdlg. — Helwing'sche Hofbuchhdlg. — G. Krüger. — V. Lohse. — H. Oppermann. — Schmorl & v. Seefeld. — C. Schrader's Nachfolger. — Th. Schulze's Buchhdlg. — G. Wedekind.
Heidelberg	K. Groos.
Innsbruck	F. Unterberger.
Kiel	Th. Klose. — Schwers'sche Buchhandlung. — Universitäts-Buchhandlung.
Königsberg in Pr.	Bon's Buchhandlung. — Gräfe & Unzer. Hübner & Matz.

Leyden	E. J. Brill.
Lippstadt	A. Staats.
London	M. Holloway. — D. Nutt. — Williams & Norgate.
Lübeck	von Rohden'sche Buchhdlg.
Magdeburg	E. Bacnsch. — F. Kaegelmann.
Mailand	T. Laengner.
Mainz	G. Frommann. — V. v. Zabern.
Mannheim	Artaria & Fontaine.
Minden	Keiser & Comp. — A. Volkening.
München	J. Aumüller. — Max Brissel. — F. Gypen. — Mey & Widmayer.— L. A. v. Montmorillon. — Antiquar Dr. G. K. Nagler. — M. Ravizza.
Münster	Coppenrath'sche Buchh. — Theissing'sche Buchh.
Neapel	A. Detken.
Neisse	J. Graveur. — R. Hinze.
Neustrelitz	G. Barnewitz.
Nördlingen	C. H. Beck'sche Buchhandlung.
Nürnberg	F. Heerdegen. — Antiquar Lorenz Krausser. - Riegel & Wiessner. — W. Schmid'sche Buch- u. Kunsthdlg. — H. Schrag'sche Buch- u. Kunsthandlung. — J. A. Stein.
Odessa	J. Deubner.
Oldenburg	Schulze'sche Buchhandlung. — G. Stalling.
Paderborn	W. Crüwell. — F. Schöningh. — J. Wesener.
Paris	Clement. — F. Klincksieck. — A. W. Schulgen. — E. Tross.
St. Petersburg	A. Münz. — C. Röttger, kaiserl. Hofbuchhdg. (H. Schmitzdorff.) — Bol. Moritz Wolff.
Posen	J. Lissner.
Prag	K. André. — Calve'sche Buchhandlung. — Ehrlich's Buchhandlung. — F. Rziwnatz.
Regensburg	A. Coppenrath. — G. J. Manz.
Riga	N. Kymmel.
Rostock	Otto Gundlach. — Stiller'sche Hofbuchhandlung.
Rotterdam	Ad. Baedecker.
Saarbrücken	C. Möllinger.
Schaffhausen	Hurter'sche Buchhandlung.
Schweidnitz	L. Heege.
Schwerin	A. Hildebrand. — Stiller'sche Hofbuchhandlg.
Sondershausen	G. Bertram.
Stettin	Th. von der Nahmer. — F. Nagel.
Stockholm	A. Bonnier. — Levertin & Sjoestedt. — Samson & Wallin.
Stralsund	C. Hingst.
Strassburg	J. Noiriel. — Treuttel & Würtz.
Straubing	Schorner'sche Buchhandlung.
Stuttgart	A. Liesching & Comp. — Wilh. Schneck. — J. Weise.
Triest	H. F. Münster. — H. F. Schimpff.
Tübingen	L. F. Fues'sche Buchhandlung.
Turin	Herm. Loescher.
Utrecht	W. F. Dannenfelser. — Kemink & Sohn.

Venedig	H. F. & M. Münster.
Verona	H. F. Münster.
Warschau	A. Gebethner & Wolff. — H. Natanson.
Weimar	W. Hoffmann.
Wien	Artaria & Comp. — Karl Czermak. — C. Gerold's Sohn. — Lechner's Universitäts-Buchhandlung. — Miethke & Wawra. — L. T. Neumann. — F. Paterno. — F. O. Sintenis.
Wriezen	E. Roeder.
Würzburg	Stahel'sche Buchhandlung.
Zürich	H. Appenzeller. — Cramer & Lüthi. — F. Hanke. — S. Höhr. — F. Schulthess.

In **Leipzig** übernehmen Aufträge:

Die Herren Kunsthändler C. G. Börner und W. Drugulin. — Herr Proclamator H. Engel. Die Herren Buchhändler H. Fritzsche, H. Hartung, Kirchhoff & Wigand, K. F. Köhler, R. Kössling, List & Francke, C. H. Reclam sen. — Herr Kunsthändler L. Rocca. — Die Herren Buchhändler O. A. Schulz, F. Voigt, L. Voss, T. O. Weigel. — Die Herren Antiquitätenhändler Zschiesche & Köder und der Unterzeichnete:

Rudolph Weigel.

Nach jeder dieser Kunstauctionen sind gedruckte **Versteigerungspreislisten** für 2½ Ngr. zu haben.

Deutsche Schule.

A. Aeltere Meister.

H. Aldegrever.
1. 4 Bl. Die Geschichte des Loth. 8. B. 14—17. **Gute Abdrücke.** 1 Bl. scharf beschnitten.
2. Der strenge Vater. 8. B. 73. **Schöner Abdruck. Scharf beschnitten.**

J. W. Baur.
3. 12 Bl. Reiterkämpfe verschiedener Nationen, dabei der Titel. qu. 8.

H. S. Beham.
4. 4 Bl. Die Geschichte des verlornen Sohnes. qu. 8. B. 31—34. **Schöne Abdrücke.**
5. 12 Bl. Die Thaten des Herkules. qu. 8. B. 96—107. **Ebenso.**
6. Der kleine Schalksnarr. qu. 8. B. 230. **Guter Abdruck. Aufgezogen.**
7. Hiob von seinem Weibe verspottet. qu. 8. B. 16. **Schöner erster Abdruck vor den Gräsern.**
8. Der Pfeifer, Trommler und Fähndrich. 8. B. 198. **Schöner erster Abdruck. Scharf beschnitten.**
9. Der Narr und die beiden Liebespaare. qu. 12. B. 212. **Erster Abdruck vor der Jahreszahl.**
10. Die Busse des heiligen Chrysostomus. qu. 8. B. 215. **Guter Abdruck.**

J. F. Beich.
11. 8 Bl. Die Landschaftsfolge in Poussin's Geschmack. 4. **Erste Abdrücke mit der Adresse von Wolff.**
12. 6 Bl. Die Landschaftsfolge in Both's Geschmack. fol. **Ebenso, und 3 Bl. in seltenem Druck vor der Nummer.**

P. Bemmel.
13. 6 Bl. Die Folge der Landschaften, mit Ostertag's Adresse. qu. 4. **Gute Abdrücke.**

2 Deutsche Schule. A. Aeltere Meister.

W. v. Bemmel.
14. Landschaft mit Bauer und Knabe. qu. 4.

Ph. Brinckmann.
15. 2 Bl. Landschaften mit Gewittersturm und mit Reisenden. qu. 4.

C. W. E. Dietrich.
16. Die Flucht der heil. Familie. qu. 4. Linck 12.*) II. Abdruck. Sehr selten. Aufgezogen.
17. Die Abnehmung Christi vom Kreuz. fol. L. 24. II. Abdruck. Selten.
18. St. Jacob in einem Dorfe predigend. qu. fol. L. 30. I. Abdruck vor Namen und Jahreszahl. Sehr selten.
19. Die wandernden Musikanten. 4. L. 80. II. Abdruck mit der Nummer.
20. Der Hirt bei den Schäferinnen. qu. fol. L. 135. I. Abdruck. Sehr selten.
21. Der Satyr beim Bauer. qu. fol. L. 40. II. Abdruck. Selten.
22. Der Scheerenschleifer. 4. L. 75. III. Abdruck. Selten.
23. Der Kurzwaarenhändler. 4. L. 76. Ebenso.
24. Der Marktschreier. 4. L. 83. III. Abdruck.
25. Die beiden Bärenführer. 8. L. 84. I. Abdruck. Selten.
26. Dasselbe. III. Abdruck nach der Nummer.
27. Venus mit Liebesgöttern in einer Landschaft. qu. fol. L. 137. II. Abdruck. Selten.
28. Heroische Landschaft in Millet's Geschmack. qu. 4. L. 151. II. Abdruck. Selten.
29. Der Wartthurm. qu. 8. L. 152. I. Abdruck. Selten.
30. Die kleinen Wasserfälle zu Tivoli. qu. 8. L. 153. I. Abdruck. Selten.
31. Die Einsiedelei zwischen Felsen. qu. 8. L. 145. I. Abdruck. Sehr selten.
32. Dasselbe. II. Abdruck. Selten.
33. Der Satyr bei den Nymphen. qu. 8. L. 46. I. Abdruck. Selten.
34. Der Einsiedler auf der Brücke. qu. 4. L. 146. II. Abdruck. Selten.

---

*) Monographie der von C. W. E. Dietrich radirten malerischen Darstellungen, verfasst von J. F. Linck. Berlin 1846.

35. Die Landschaft mit dem heil. Wilhelm. 4. L. 161. I. Abdruck. Selten.
36. Die Landschaft mit dem heil. Franz. 4. L. 162. Ebenso. Selten.
37. Die Fischerhütten am Wasser. qu. 8. L. 154. II. Abdruck. Selten.
38. Die zwei hölzernen Häuser am Wasser. qu. 8. L. 132. II. Abdruck.
39. Die Maulthiertreiber-Herberge. qu. fol. L. 123. II. Abdruck. Selten.
40. Dasselbe. Ebenso, jedoch unreiner Druck.
41. Der Fluss zwischen hohen Felsenufern. qu. 4. L. 148. II. Abdruck. Selten.
42. Die Heerde bei der Statue der Flora. qu. 4. L. 147. I. Abdruck. Sehr selten.
43. Der Sibyllentempel zu Tivoli. fol. L. 157. II. Abdruck. Selten.
44. Die Tanne auf dem Felsen. 12. L. 142. I. Abdruck. Sehr selten.
45. Der Waldstrom. 12. L. 143. II. Abdruck. Selten.
46. Die zum Thor herauskommende Heerde. qu. fol. L. 134. I. Abdruck. Sehr selten.
47. Der Thurm am Meere. qu. 4. L. 150. III. Abdruck.
48. Das Thor auf der Brücke. qu. 4. L. 149. II. Abdruck. Selten.

J. C. Dietzsch.
49. 6 Bl. Landschaften mit Staffage. qu. 8.

A. Dürer.
50. Die Madonna vom Engel gekrönt. 8. B. 37. Ziemlich guter Abdruck. Mit einigen dünnen Stellen im Papier.
51. Die Madonna mit dem gewickelten Kinde. 8. B. 38. Ebenso. Mit einer beriebenen Stelle.
52. Die Madonna mit dem Apfel. 4. B. 41. Ebenso. Wegen Beschädigungen aufgezogen.
53. 2 Bl. Die Dornenkrönung, und Geisselung Christi, aus der Passion. 8. B. 8. 9. Sehr schöne Abdrücke. Scharf beschnitten.
54. St. Georg zu Fuss. 8. B. 53. Guter Abdruck. Etwas fleckig.
55. Die Dame zu Pferd. 8. B. 82. Schöner Abdruck. An den Ecken beschädigt.

56. Die Liebesanerbietung. 4. B. 93. Schöner Abdruck. Die Luft ergänzt.

B. Edinger.
57. Schneegestöber. H. Kaufmann p. Lithographie auf Chines. Papier. gr. qu. fol.

A. Elzheimer.
58. Tobias mit dem Engel in felsiger Landschaft. Dem Meister zugeschrieben. 8. Scharf beschnitten.

J. C. F. Friedrich.
59. 2 Bl. Baumreiche Landschaften mit Heerden. qu. fol. Die Adresse wie gewöhnlich weggeschnitten.

S. Gessner.
60. 10 Bl. Die Folge der an Watelet dedicirten Landschaften. 4. Alte Abdrücke.
61. 4 Bl. Landschaften mit Staffage, aus einer Folge. qu. 8.

A. Graff.
62. Der Meister selbst. 8.
63. Professor Sulzer. 8.
64. Kaufmann Basse zu Frankfurt. 8.

N. Grundmann.
65. Schloss und Stadt Wehlen an der Elbe. qu. 4. Selten.

J. Ph. Hackert.
66. 2 Bl. Kleine Landschaften mit Hütten und Figuren. qu. 8.

W. Hollar.
Alte Abdrücke.
67. 5 Bl. aus der Folge der Ansichten von Tanger. Parthey 1187—1198. qu. fol.
68. 3 Bl. Die Ansichten von Tanger. gr. qu. fol. P. 1199—1201.
69. 12 Bl. Die holländischen Schiffe. qu. 4. P. 1261—1272. Schöne I. Abdrücke vor den Nummern und der Adresse.
70. 5 Bl. Diverse Schiffe. qu. 4. 1 Bl. verschnitten.
71. Landschaft mit dem Bettler. J. van Artois p. qu. 4. P. 1211. I. Abdruck. Fleckig.
72. Die Fähre im Dorfe. P. Breughel p. qu. fol. P. 1219. I. Abdruck vor der Adresse. Wenig fleckig.
73. Die Steinbrücke. A. Elzheimer p. qu. fol. P. 1222.
74. Der Jäger. L. de Vadder p. qu. 4. P. 1224. I. Abdruck mit Meyssens' Adresse.
75. Der Angler. J. Breughel p. qu. 4. P. 1214.

76. Willebrock bei Bonn. J. Breughel inv. qu. fol. P. 901. I. Abdruck mit Meyssens' Adresse.
77. Die drei Windmühlen. Idem inv. qu. fol. P. 1216. Ebenso.
78. Die vier Windmühlen. Idem inv. qu. 4. P. 1215.
79. Ansicht von Westminsterhall. qu. fol. P. 1040. II. Abdruck von der verkleinerten Platte.
80. Junge Frau mit perlenbesetzter Haube. II. Holbein del. 8. P. 1550.
81. 4 Bl. aus der Folge der Kinderspiele, nach P. Avont. qu. fol. P. 495. 511. 512. 515. Gemischte Abdrücke. 2 Bl. fleckig.

F. Meyer.

82. Felsige Landschaft mit Wasserfall. qu. fol. Beschnitten.

J. A. B. Nothnagel.

83. 6 Bl. Köpfe, und der blinde Belisar. 4. 8. 12.

G. Pencz.

84. Die Bekehrung des Saulus. qu. 8. B. 69. Schöner Abdruck. Etwas fleckig.
85. Diana im Bade. qu. 8. B. 91. Ebenso. Fleckig.

J. E. Ridinger.

86. 37 Bl. aus der Betrachtung der wilden Thiere mit Brockes'schen Versen. Th. 195—235.*) Nr. 1—8, 10—16, 18—23, 25—40, nebst dem Titelblatt. qu. fol. Alte gute Abdrücke, wie die Folgenden. Einige Bl. fleckig.
87. 35 Bl. aus „der Fürsten Jagdlust", nebst dem Thiergarten. Dabei der gedruckte Titel. fol. qu. fol. Th. 13 bis 20, 21—24, 26—48.

J. H. Roos.

88. Die Schafe bei der Ruine. qu. 4. B. 11. Selten.
89. Die Schafe beim Holzverschlag. 4. B. 20. Vor der Nummer.
90. Die ruhende Schafheerde. 4. B. 27. Ebenso. Etwas fleckig.
91. Der Esel und die Schafe. 4. B. 28. Ebenso. Rechts scharf beschnitten.

---

*) Leben und Wirken des unvergleichlichen Thiermalers und Kupferstechers J. E. Ridinger, geschildert von G. A. W. Thienemann. Leipzig 1856.

Deutsche Schule. A. Aeltere Meister.

G. Ph. Rugendas.

92. 7 Bl. Die Folge der Reiter in Tempesta's Manier. 8. I. Abdrücke mit J. Wolff's Adresse.
93. 8 Bl. Diversi Pensieri. Reiter in Landschaften. qu. 4. Ebenso.
94. 6 Bl. Capricci di G. P. Rugendas. qu. 8. Ebenso.

G. F. Schmidt.

A. Kupferstiche.

Alte Abdrücke.

95. M. Qu. de La Tour. Der kleine de La Tour. Se ipse p. fol. Jac. 89.
96. J. B. Silva. H. Rigaud p. gr. fol. J. 52. Scharf beschnitten.
97. P. Mignard. Idem p. gr. fol. J. 59. Schöner Abdruck vor dem Stern. Fleckig.

B. Radirungen.

98. Junges Mädchen mit Mops. G. Flink p. 4. J. 126.
99. Hirsch Michel. 4. J. 144. Wenig fleckig und brüchig.
100. Der Greis in persischer Tracht. Rembrandt p. 4. J. 120.
101. Die junge Frau mit dem Fächer. Idem p. 4. J. 123.
102. Die Prinzessin von Oranien. Idem p. 4. J. 147.
103. Junger Mann hinter einer Brüstung. Idem p. 4. J. 124.
104. Der Prinz von Geldern. Idem p. fol. J. 137.
105. Der Meister selbst. 4. J. 134.
106. Der Vater der Judenbraut. Idem p. fol. J. 129. Grau.
107. Die Judenbraut. Idem p. fol. J. 128. Vorzüglicher Abdruck.
108. Rembrandt's Mutter. Idem p. 4. J. 145.
109. Dr. Lieberkühn. fol. J. 138.
110. Des Künstlers Gattin, nähend. 8. J. 135.
111. 2 Bl. Der Greis mit Barett, und junger Mann mit Federhut. G. Flink p. 4. J. 125. 131.
112. Der Mann mit weissem Haar und Bart. 8. J. 127.
113. Der Greis in Profil nach rechts. Rembrandt p. 4. J. 121. Grau.
114. Der Greis mit dunkler Mütze. 4. J. 115.
115. Ein alter Krieger. 4. J. 116.
116. Die alte Bettlerin. Rembrandt p. 8. J. 119.
117. Die Gattin des Künstlers, lesend. 4. J. 142.

118. Rembrandt's Mutter mit der Hauspostille. Rembrandt p. 4. J. 153. Sehr schöner Abdruck.
119. Der Greis in der Höhle. Idem p. 4. J. 166.
120. Lot und seine Töchter. Idem p. fol. J. 173.
121. Petrus nach der Verleugnung Christi. F. Bol p. 4. J. 170.
122. Sara führt Hagar zu Abraham. C. W. E. Dietrich p. qu. fol. J. 175.
123. Die Darstellung im Tempel. Idem p. qu. fol. J. 167.
124. Tobias wird von seinem Weibe verspottet. Idem p. qu. fol. J. 177.
125. Maria mit dem Kinde und dem kleinen Johannes. A. van Dyck p. fol. J. 176.
126. Die Erweckung von Jairi's Töchterlein. Rembrandt p. qu. fol. J. 165.
127. Dasselbe, in späterem Abdrucke.

C. G. Schütz.

128. Landschaft im Charakter des Rheins. 1783. qu. fol.

V. Solis.

129. Die Söhne, welche nach ihrem Vater schiessen. In Pencz' Manier. qu. 8. B. 84.

J. A. und J. F. Thiele.

130. 11 Bl. Kleine sächsische Landschaften. 8. qu. 8. 12.

J. Umbach.

131. 16 Bl. Biblische Darstellungen und Landschaften. 8. qu. 8.

J. G. Wagner.

132. Kleine Landschaft mit einem Haus zwischen Bäumen. qu. 8.
133. Dasselbe.

F. E. Weirotter.

134. 6 Bl. Six différents Vues d'après Nature. Schmal qu. fol.
135. 6 Bl. Vues de la Seine. qu. 4.

B. Neuere Meister.

A. Achenbach.

136. Scheveninger Fischweib. 4.
137. Passagiere verlassen ein Schiff. 4.
138. Kleine norwegische Landschaft mit Wasserfall. 8.
139. Flussküste mit einem Blockhaus. qu. 4.
140. Felslandschaft mit Elfentanz. Zu Reinick's Liedern. fol. Aetzdruck.

Deutsche Schule. B. Neuere Meister.

E. d'Alton (Professor).
141. Studirender Gelehrter, nach Rembrandt. fol. Vor der Schrift und auf Chines. Papier.

J. Bakof.
142. Waldige Landschaft mit Holzfällern. 8. Auf Chines. Papier.

A. Bartsch.
143. Landschaft mit vier Stieren in einem Fluss. W. Romeyn del. fol. Vor der Adresse von Frauenholz.

J. Becker.
144. Mädchen am Brunnen im Westerwald. Aus Buddeus' Album. fol.

E. Bendemann.
145. Sonntagmorgen, vorn zwei Blumen pflückende Mädchen. Zu Reinick's Liedern. fol. Aetzdruck.

L. Bendixen.
146. Flache Flussküste mit Eichen und einem Fischerboot. 1826. qu. 4. Auf Chines. Papier. Selten, weil die Platte beim grossen Hamburger Brand verloren ging.
147. Landschaft mit zwei Bauernhütten und Heerde in einem Bach. qu. 4.

A. P. de Beurs.
148. 3 Bl. Landschaften mit Brücke, Bauernhütten zwischen Bäumen und einem Dörfchen am Fuss eines bewachsenen Hügels. qu. fol. qu. 8.

J. Bräutigam.
149. Das Kind mit der Milch und der Schlange. Aus dem Münchener Radirclub. 4. Auf Chines. Papier.

B. Brennhäuser.
150. 2 Bl. Nicht alle Mönche erfinden Pulver. Pilger und Hirtin. Aus dem Münchener Radirclub. 8. qu. 8. Auf. Chines. Papier.

Jess Bundsen.
151. Die Catharinenkirche zu Hamburg während der Belagerung der Franzosen zum Pferdestall eingerichtet. 1814. 4. Selten.

G. Busse.
152. 18 Bl. Malerische Radirungen verschiedener Gegenden Italiens. 3 Hefte. Hannover 1846. qu. fol. Auf Chines. Papier.
153. 2 Bl. aus derselben Folge: Schule bei Albano und Ge-

gend bei Aricia. qu. fol. Vor den Nummern und auf Chines. Papier.
H. Carmincke.
154. Seeküste mit Eichen und Gewittersturm. qu. fol.
155. Dasselbe.
156. 4 B. Kleine Landschaften aus Italien, der Schweiz und Norddeutschland. Aus einer Folge. qu. 8.
D. Chodowiecki.*)
157. 12 Bl. zu der älteren, mittleren und neueren Geschichte. qu. fol. Engelmann 703. qu. fol. I. unzerschnittener Abdruck, mit Einfällen.
158. 12 Bl. zu der älteren, mittleren und neueren Geschichte qu. fol. E. 663. I. Abdruck vor aller Schrift, unzerschnitten.
159. 12 Bl. zu Fabeln und Erzählungen von Gellert. qu. fol. E. 711. I. Abdruck mit den Einfällen a, unzerschnitten.
160. 6 Bl. zu Wallenstein's Leben. fol. E. 920. Von der unzerschnittenen Platte.
161. 12 Bl. zu Chenier's Bartholomäusnacht. qu. fol. E. 630. Ebenso.
162. Dasselbe.
163. 12 Bl. zu den Anekdoten und Chararakterzügen Friedrich II. qn. fol. E. 600. Ebenso.
164. 12 Bl. zu Shakespeare's Lustigen Weibern von Windsor. qu. fol. E. 568. II. Abdrücke vor den Nummern, unzerschnitten.
165. 12 Bl. Darstellungen aus der neuen Geschichte. qu. fol. E. 614. Unzerschnitten.
166. 12 Bl. aus der mittleren und neueren Geschichte. qu. fol. E. 688. Ebenso.
167. 12 Bl. zu Smollett's Peregrine Pickle. qu. fol. E. 533. Ebenso. Das Blatt in zwei Hälften zerschnitten.
168. 12 Bl. Modethorheiten. qu. fol. E. 599. Von der unzerschnittenen Platte.
169. 12 Bl. zu Cecilia oder Geschichte einer reichen Waise. qu. fol. E. 588. Ebenso.
170. 12 Bl. zu: Nicht mehr als sechs Schüsseln, von Grossmann. qu. fol. E. 395. Ebenso.

---

*) ·Dan. Chodowiecki's sämmtliche Kupferstiche, beschrieben von Wilh. Engelmann. Leipzig 1857.

171. 12 Bl. zur Geschichte des ersten Kreuzzuges. qu. fol. E. 945. Ebenso.
172. 12 Bl. zur Geschichte von Polen. fol. E. 779. 823. Ebenso.
173. 6 Bl. Aufrichtigkeit und Heuchelei. fol. E. 713. II. Abdruck mit der Schrift und mit Einfällen.
174. 6 Bl. Dasselbe. Ohne die Einfälle. Das Blatt in zwei Stücke geschnitten.
175. 12 Bl. zu Iffland's Jäger. qu. fol. E. 559. Unzerschnitten.
176. 12 Bl. zu Camille oder Briefe zweier Mädchen aus unserm Zeitalter. qu. fol. E. 582. II. seltner Abdruck mit der falschen Unterschrift. Unzerschnitten.
177. 6 Bl. zu Erasmus' Lob der Narrheit. 4. E. 369—374. I. Abdrücke vor den Seitenzahlen.
178. P. J. F. Weitsch. 8. E. 181.
179. 4 Bl. zur Preussisch-Brandenburgischen Staatsgeschichte. fol. E. 633. Unzerschnitten.
180. 5—8 Bl. zu Le Sage's Gil Blas. qu. 4. E. 285—288. I. Abdrücke vor den eingestochenen Titeln.

J. Cogels.
181. 2 Bl. Landschaften: Baumpartie am Wasser und Bauerhütte zwischen Bäumen. 8. qu. 8.

J. C. Dahl.
182. Bewegte See mit Zweimaster und Segelboot. qu. 8. Andresen 2.*)
183. Norwegische Seeküste während eines Sturmes. qu. 8. Andresen 3.
184. Die Bauernhütte am Tannenwald. qu. 4. Andresen 4. Aetzdruck. Selten.

A. Dallinger.
185. 2 Bl. Zwei sich stossende Stiere, und zwei brunstige Kühe. 12.

G. Dillis.
186. Hölzerner Steg aus der Auvorstadt von München. qu. fol.

J. Dorner.
187. 4 Bl. Kleine Landschaften mit Felsen und Hütten. 8. qu. 8.

---

*) Die Deutschen Maler-Radirer des 19. Jahrhunderts, von Dr. A. Andresen. 1 Band. Leipzig 1866.

H. Dyck.
188. Ruinen der Abtei Limburg bei Dürkheim in der Pfalz. Aus dem Münchener Radirclub. qu. 8. Auf Chines. Papier.
189. Weinküfer zwischen zwei Weinfässern von Anno 1811 und 1783. Ebenso. 8.

R. Eberle.
190. Die Ziegenheerde bei den Wäscherinnen. Aus dem Münchener Radirclub. qu. 4. Auf Chines. Papier.
191. Schafherde im Stall. Ebenso. qu. 4.

E. Ebers.
192. Subordination. Ein Rittmeister vermahnt seinen Stallknecht. Aus Buddeus' Album. qu. fol.

Th. Ender.
193. 7 Bl. Die Ansichten aus der Umgebung des Schneeberges. qu. 4. 1 Bl. doppelt mit und ohne den weggeschliffenen Künstlernamen.
194. 2 Bl. Die Ansichten von Ischl und seiner Umgebung. qu. 4. Vor den Nummern.
195. Flache waldige Landschaft. qu. fol.

J. C. Erhard.
Schöne alte Abdrücke, fast sämmtlich Geschenke des Künstlers an seinen Freund Faber in Hamburg.

196. Portrait des Meisters. J. Schnorr del. Radirt von H. Bürkner. 4. Vor der Schrift.
197. 6 Bl. Landschaften mit Staffage. Erste bei Frauenholz erschienene Lieferung. qu. 4. fol.
198. 12 Bl. Kleine Landschaften und russisches Militair. Zweite bei Frauenholz erschienene Lieferung. qu. 4. 8. qu. 8.
199. Russische Munitionscolonne an der Nürnberger Stadtmauer. qu. 4.
200. 51 Bl. Neu eröffnete Reitschule gezeichnet von Aeg. Touchemolin. 4.
201. 4 Bl. Die Salzburger Landschaften mit den grossen Figuren. qu. fol.
202. 2 Bl. Russisches Militair. Mit Herzberg's Adresse. qu. fol.
203. 6 Bl. Die Ansichten bei Nürnberg, Regensburg, Wien etc. qu. 8.
204. 2 Bl. Alter schützt vor Thorheit nicht, und der Bruder Joseph. Zu den Alpenrosen. 8. qu. 4.
205. Kleine Salzburger Landschaft mit Brücke und Hirt. qu. 8.

206. 6. Bl. Die Ansichten vom Schneeberg. qu. 4. Sehr schöne Abdrücke mit Bleistiftretouchen von des Künstlers Hand.
207. Neujahrskarte für 1819. Winterlandschaft mit einem Wanderer. qu. 8. Vor der Adresse.
208. Alter Jude gegen eine Mauer gelehnt. 8. Ebenso.
209. Winterlandschaft mit Schlittschuhläufern auf einem Fluss. 8. Von grosser Seltenheit und nirgends erwähnt. Die Platte wurde, wie Erhard selbst auf der Rückseite anmerkt, verworfen.
210. 2 Bl. Die kleinen Landschaften mit den Betsäulen. 8. 1 Bl. mit Bleistiftretouchen von Erhard's Hand.
211. 2 Bl. Die grösseren Landschaften mit den Betsäulen. qu. 4. Mit Kettner's Adresse.
212. 9 Bl. Landschaften aus der bei Kettner erschienenen Folge. 1 Bl. doppelt mit und vor der Adresse. qu. 8.
213. 13 Bl. Der radirte Nachlass des Meisters; dabei sein von Klein radirtes Portrait als Titelvignette. fol. qu. fol. 4. qu. 8. Ohne den Umschlag.
214. 5 Bl. von denselben, dabei die beiden grossen Blätter „Im Höllenthal" und „Bei Muggendorf". Seltene Aetzdrücke.

Chr. und Fr. Ezdorf.
215. 15 Bl. Das Werk dieser beiden Meister mit dem Titel: Fünfzehn Landschaften radirt von Chr. und Fr. Ezdorf. München 1850. L. A. v. Montmorillon. In Umschlag. gr. fol. Auf Chines. Papier.
216. 8 Bl. von denselben, dabei die grosse Gebirgsschlucht 1 Bl. auf Chines. Papier.

Th. Fearnley.
217. Achenbach, Fearnley und ein dritter Maler bei Regenwetter angelnd. qu. 8.
218. Waldpartie mit einem Tiroler Jäger und Mädchen. 4.
219. Ein von Bergen eingeschlossener Fluss, auf einem Hügel ein grosser Baum. qu. 4.

G. Feckert.
220. Friedrich der Grosse und sein Grossneffe. J. Böhmer del. Lithographie. qu. fol. Fleckig.

J. Fleischmann.
221. 2 Bl. Pflügender Bauer. Lotze p. Aus den Sächsischen Kunstvereinsheften. qu. 8. Doppelt, vor der Schrift und Aetzdruck.

C. Frommel.
222. 2 Bl. Bei Tivoli, und a Subiaco. 1815. qu. 4.
J. Führich.
223. Die Hochzeit zu Cana. Aus Buddeus' Album. qu. fol.
W. Gail.
224. Das Grabmal des Antenor zu Padua. Aus dem Münchener Radirclub. 4. Auf Chines. Papier.
225. Spanischer Pilger am Brunnen. Aus Buddeus' Album. fol.
J. Gauermann.
226. 2 Bl. Die grossen heroischen Landschaften mit Heerden. gr. qu. fol. Vor dem Künstlernamen und der Adresse von Frauenholz.
227. 2 Bl. Die überhöhten heroischen Landschaften mit Heerden. fol.
228. 4 Bl. Kleine gebirgige Landschaften, zum Theil mit idyllischer Staffage. qu. 8.
C. D. Gebauer.
229. 2 Bl. Kosacken mit Pferden. qu. 8. 12. Auf Chines. Papier.
F. Geissler.
230. Das Innere der St. Lorenzkirche in Nürnberg. J. Ainmüller p. Albrecht-Dürer-Vereinsblatt. fol.
B. Genelli.
231. Jason raubt das goldene Vliess. Aus Buddeus' Album. qu. fol.
Jac. Gensler.
232. Der Kirchhof, mit einem Leichenzug. qu. fol.
233. Matrosen vor einem Wirthshaus ausruhend. fol.
234. Dorfpartie mit Bäuerinnen und Kindern vorn auf der Strasse. fol. Selten.
Mart. Gensler.
235. Nachdenkender Gelehrte in einem alten Gewölbe. Aus Buddeus' Album. fol.
236. Das St. Johanniskloster zu Hamburg. 4. Selten.
237. Strassenansicht aus einer Stadt mit einer alten Kirche. qu. 4. Vor der Schrift.
L. E. Grimm.
238. Dom. Artaria, Kunsthändler. P. Krafft p. 4.
239. 4 Bl. Köpfe, und liegender Löwe. 4. qu. 8.
F. Grospietsch.
240. 2 Bl. Landschaften mit heimkehrender und ruhender Schafheerde. qu. fol.

C. Groux (Dilettant).

241. Waldlandschaft mit Heerde und Reiter. 1850. qu. fol. Auf Chines. Papier.

L. Gurlitt.

242. Waldlandschaft mit einem schreitenden Mädchen, mit einem Korb auf dem Kopf. 4. Auf Chines. Papier. Selten, weil die Platte beim grossen Brande zu Hamburg 1842 zu Grunde ging.
243. Parthie af Bleking i Sverrig. qu. fol.

L. Haach.

244. Friedrich mit der gebissenen Wange auf der Flucht von der Wartburg. Aus Buddeus' Album. qu. fol. Andresen 1.

R. van Hannen.

245. Landschaft mit Bäumen und Teich, auf welchem ein Kahn mit zwei Figuren. qu. 4.

S. Habenschaden.

246. Die Sennerin auf der Brücke. Aus Buddeus' Album. qu. 4.
247. 2 Bl. Eine Alpe, und ruhende Jochstiere am Pflug. Aus dem Münchener Radirclub. qu. 4. Auf Chines. Papier.
248. Zwei sich beissende Esel. Ebendaher. qu. 8. Ebenso.

J. Ph. Hackert.

249. 4 Bl. A Vietri, a Sorriento a la Cava. Vollständige Folge. gr. fol.

G. Hardorf.

250. Pferdestall und Düngerhaufen mit zwei Schweinen und Hühnern. P. Potter p.(?) qu. fol.

E. Harzen (Dilettant).

251. 2 Bl. Ansicht aus Ottensen, und Mondlandschaft mit alter Ruine und Wasserfall. qu. 4.

C. v. Heideck.

252. 6 Bl. Die Folge der Landschaften mit Thierstaffage, zum Theil aus Italien. 4. qu. 4. qu. 8. 4 Bl. auf Chines. Papier.

C. Heinzmann.

253. Scene vom Münchener Christmarkt. Aus dem Münchener Radirclub. qu. 8. Auf Chines. Papier.
254. Am Gardasee. Ebendaher. qu. 4. Ebenso.

H. J. Herterich.

255. Kleine Landschaft mit Baumgruppe und Hütte. 8. Auf Chines. Papier.

Eug. Hess.
256. Ein Page reicht zwei Jägern mit erlegtem Hirsche den Willkommen. Aus dem Münchener Radirclub. qu. 4. Auf Chines. Papier.

C. E. C. Hess.
257. Ein Rabbiner. Rembrandt p. fol.
258. Dasselbe Blatt. Vor der Schrift. Selten.
259. 2 Bl. Rembrandt's Vater, und Portrait eines jungen Mannes. Idem·p. 4.

P. Hess.
260. Die Maler auf der Alp. qu. 4.

H. v. Hess.
261. 2 Bl. Köpfe von Raphael, und von Th. Morus, nach Raphael selbst und Holbein. 8.
262. 2 Bl. Pet. Vischer, Bildhauer, und drei junge Mädchen, von welchen die eine einen Kranz windet. 8. qu. 8.

C. Hess und Andere.
263. 15 Bl. Kopf eines Geistlichen, Pferde, Schafe, Kühe, Hunde etc. 8. qu. 8.

A. v. Heydeck.
264. 18 Bl. Landschaften nach C. Poussin. 4. qu. 4. Auf Chines. Papier.
265. 10 Bl. Andere landschaftliche Compositionen nach demselben. qu. 4. Vor der Schrift, nur mit gerissenen Künstlernamen.

Th. Hosemann.
266. Drei wandernde Musikanten. qu. fol.
267. 4 Bl. Humoristische Darstellungen aus dem Berliner Volksleben. 4. qu. 4.

H. Hueber.
268. Die Hütte im Walde. Aus dem Münchener Radirclub. 4. Auf Chines. Papier.

C. Hummel.
269. 2 Bl. Kleine italienische Landschaften mit Felsen und einer Brücke. qu. 8.
270. Italienische Landschaft mit herannahendem Sturm. qu. fol.
271. Waldige Seeküste mit drei Figuren. qu. 4.

R. Jordan.
272. Das Lootsenexamen. Aus Buddeus' Album. qu. fol.

M. A. Kaufmann.
273. Junges klagendes Mädchen bei einer Todtenurne. fol. Mit Boydell's Adresse.

H. Kauffmann.
274. Landstrasse und Bauernhütten am See zwischen Bäumen. qu. fol. Auf Chines. Papier.
275. Landschaft mit Steg, auf welchem ein Knabe steht. qu. 8. Ebenso.
276. Ausruhende Landleute zur Mittagszeit. Zu „Deutsche Dichtungen. II. Theil." qu. 4. Die Verse weggeschnitten.

M. Kellerhoven.
277. Orientalischer Greis im Lehnstuhl. Rembrandt p. fol.

A. E. Kirchner.
278. 3 Bl. Tyroler Dorfpartie, waldiges Flussufer mit zwei Mädchen, Portal einer Kapelle. Aus dem Münchener Radirclub. qu. 4. 8. 12. Auf Chines. Papier.

A. Kiste.
279. Landschaft mit Eichen. qu. 4. Auf Chines. Papier.

J. S. Klauber.
280. Ch. G. Allegrain, Bildhauer, in seinem Atelier. J. Duplessis p. fol.

F. C. Klass.
281. Felsige bewachsene Flusslandschaft mit Hirt und Angler. qu. 4.

J. A. Klein.
Alte Abdrücke.
282. Portrait des Meisters. F. Hanfstängl phot., P. Barfus sc. 4.
283. 6 Bl. Pferde. Erste bei Frauenholz erschienene Folge. 4. qu. 4. Jahn 35. 38—42.*)
284. Der Viehhändler zu Pferd. qu. 4. J. 66.
285. 6 Bl. Pferde und Reiter. qu. 8. J. 68—73.
286. 3 Bl. Hund Allegro, Ruine Streitberg und Neideck. qu. 8. qu. 12. J. 168. 33. 37.
287. 3 Bl. Würzburger Schiffsmann, der Ungar, Burgruine Johannstein. 8. qu. 8. J. 170. 167. 82.
288. Der Hund Fripon. qu. 8. J. 125. I. Aetzdruck. Selten.
289. Der Schwarzschimmel am Pflug. qu. 4. J. 127. II. Aetzdruck. Selten.
290. Der Russe auf dem Einspänner. qu. 4. J. 133. I. Aetzdruck. Selten.
291. 6 Bl. Militairische Gegenstände. qu. 4. J. 143—148.

---

*) Das Werk von Joh. Adam Klein, beschrieben von C. Jahn. München 1863.

Schöne I. Abdrücke vor den Nummern und der Adresse.
292. 2 Bl. Baierische Feldschmiede, und Ungar mit Handpferd. qu. 4. J. 142. 139.
293. Das Pferd mit dem Kappzaum. qu. 4. J. 104.
294. Hund Bello. qu. 8. J. 118.
295. 10 Bl. Charakteristische Fuhrwerke. qu. 4. J. 101—103. 105—111. 5 Bl. auf Tonpapier.
296. 3 Bl. Vier ungarische Ochsen, Slowaken, österreichische Kohlbauern. qu. 4. J. 123. 129. 130.
297. 2 Bl. Das Pferd mit dem ungarischen Sattel, und der Slowake am Donauufer. qu. 8. qu. 4. J. 117. 132.
298. Ungarische Büffel und Schafe. qu. fol. J. 164.
299. Sächsisches Fuhrwerk. qu. fol. J. 163. Auf Chines. Papier.
300. Donische Kosacken. qu. fol. J. 165.
301. Der Esel bei der Distel. qu. 8. J. 176. I. Aetzdruck. Selten.
302. Das Mutterschaf mit säugendem Lamm. qu. 4. J. 177.
303. Dromedar und Kameel. qu. fol. J. 185.
304. 6 Bl. Wiener Thierstudien. qu. 4. J. 187—192.
305. Russisches Fuhrwerk. qu. fol. J. 186.
306. Die Schweine. qu. 4. J. 184.
307. 6 Bl. Die zweite Folge der Wiener Thierstücke. qu. 8. J. 208—213.
308. Philax. qu. 4. J. 226.
309. Sennerin auf der Königsalpe. 4. J. 227.
310. Die Viehmagd im Stall. qu. fol. J. 225. III. Abdruck.
311. Der Rappe im Stall. Schwarzkunst. qu. 4. J. 235.
312. 4 Bl. aus der Folge der Kosacken. qu. fol. J. 239. 241. 242. 244.
313. 2 Bl. Die Italienerin bei dem Esel, und beladenes Maulthier nach rechts. 4. qu. 4. J. 246. 249. Letzteres in seltenem I. Druck von der grösseren Platte.
314. Auf dem Furkagebirge in der Schweiz. qu. fol. J. 247.
315. 2 Bl. Die Brunnen in Bern. qu. 4. J. 250. 251.

J. C. Klengel.
316. 8 Bl. Landschaften mit Staffage, zum Theil aus Italien. qu. 4. qu. 8. Dabei 2 Bl. von Thiele und Dietzsch.
317. 12 Bl. Thiere und Thierköpfe. qu. 8. 12. Selten.

W. v. Kobell.
318. 11 Bl. Die Folge der Hunde. 8. qu. 8. 12. Andresen 25—35.
319. 2 Bl. Le Moulin à vent, la Diligence. J. Breughel und J. van Artois p. qu. 8. Andr. 53. 54.

Ferd. Kobell.
320. 153 Bl. Das fast vollständige Werk des Meisters: Landschaften, Kinderspiele, Figuren und Vignetten. Ein Geschenk Kobell's an den Kupferstecher F. Geyser in Leipzig. Alte Abdrücke.

J. A. Koch.
321. 20 Bl. Die römischen Landschaften. qu. 4. Andresen 1—20. Alte Abdrücke dieser Folge, ein Geschenk von Koch an den Maler Faber in Hamburg.

A. Kölbl (Dilettant).
322. 4 Bl. Felsige Landschaften. 8. qu. 8.

E. Koken.
323. 7 Bl. Landschaften mit Wasserfall, Hütten, Seeküste etc. 1846. 1847. fol. qu. fol. qu. 8.

C. W. Kolbe.
324. 2 Bl. Die Kühe in Schilf und Kräutern. qu. fol. Aetzdrücke. Selten.
325. 2 Bl. Landschaften mit ruhender Kuhheerde und mit zwei Figuren bei einem Wasserfall. qu. fol.
326. 3 Bl. Waldige Landschaften mit Staffage. qu. fol.

G. C. Kraegen (Dilettant).
327. Zwei Eichen an einem Fluss. qu. 4.

C. F. Kühnel.
328. 12 Bl. Kriegs- und Militair-Scenen. 1776. 1777. qu. 8.

C. Kunz.
329. Kühe und Schafe auf der Weide. A. van de Velde p. qu. fol.

C. F. Lessing.
330. Zwei Mönche bepflanzen eine öde Gegend. Aus Buddeus' Album. qu. fol.

A. Löffler.
331. Flache Landschaft mit Eichengruppen. qu. 4.

F. Loos.
332. Waldige Landschaft mit Wanderern. J. Ruysdael p. qu. fol.
333. 4 Bl. Bei Wien, Eutin, Christiania und am Lago maggiore. 1858. qu. 4.

334. Die Sibylle von Cervara. Titelblatt zu H. Stieglitz's Gedicht am Künstlerfest zu Rom 1847. E. Riepenhausen inv. fol. Auf Chines. Papier.

J. H. Menken.
335. 5 Bl. Landschaften mit Vieh. qu. fol. qu. 4.

G. Menken.
336. Landschaft mit Bauernhütte zwischen Bäumen. qu. 8.

J. G. Meyer (aus Bremen).
337. Vier Kinder vor einer Hütte. 8.

F. E. Meyerheim.
338. Altenburger im Korn. Preussisches Kunstvereinsblatt. qu. fol.

J. C. Milde.
339. 25 Bl. Lübecker A B C, gezeichnet und herausgegeben von Milde, radirt von E. Bollmann. Lübeck 1857. Lübecker Architekturen nebst Text. 4.

M. Molitor.
340. Waldlandschaft mit ziehender Heerde. qu. fol.

J. F. Morgenstern.
341. Treppenhaus mit zwei Hellebardieren. 4.

C. E. B. Morgenstern.
342. Brücke in Norwegen. 1828. qu. 4.
343. Waldiges Flussufer mit zwei Angelnden. 1845. Aus dem Münchener Radirclub. qu. fol. Auf Chines. Papier.
344. 2 Bl. Gehölz mit Durchsicht, und zwei Jäger in einem Felspass. Ebendaher. qu. 4. qu. 8.
345. Landschaft mit untergehender Sonne. qu. fol.

H. Mücke.
346. Engel tragen die heil. Katharina durch die Lüfte. Aus Buddeus' Album. qu. fol.

C. Nathe.
347. Bauernhaus zwischen Bäumen. qu. fol.

F. Nerly.
348. 6 Bl. Die Folge der Thierstudien. 1828. qu. fol.

E. Neureuther.
349. Aetzende Kupferstecher. Aus Buddeus' Album. fol.
350. Dasselbe. Aetzdruck.
351. 2 Bl. „Willst du lang leben und bleiben gesund, iss wie eine Katz und trink wie ein Hund", und Titelblatt zu den Radirungen des Münchener Radirclubs. qu. 8. Auf Chines. Papier.

Deutsche Schule. B. Neuere Meister.

352. 2 Bl. Amor ein Floss mit Weinfass rudernd, und kleine Landschaft mit einem Angler. Aus dem Münchener Radirclub. qu. 8. Ebenso.
353. 6 Bl. Baierische Gebirgslieder mit Bildern. Lithographien. Erstes Heft. fol.

R. v. Normann.
354. Strasse aus Meyeringen in der Schweiz. Aus Buddeus' Album. fol.

F. Overbeck.
355. Knieender Mönch am Betpult. 8. Auf Chines. Papier. II. Abdruck mit Schulgen's Adresse.
356. Der Apostel Philippus. 8. Ebenso.

E. Pistorius.
357. Ländliche Familienscene mit lesender Grossmutter. fol. Auf Chines. Papier.

M. Plonsky.
358. 7 Bl. Figuren und Köpfe. 8. qu. 8. 12. Alte Abdrücke.

H. Plüddemann.
359. Die Kreuzfahrer in Dankgebet beim Anblick von Jerusalem. Aus Buddeus' Album. qu. fol.

E. W. Pose.
360. Gebirgslandschaft mit Tannen und einem Senner. Aus Reinick's Liederbuch. fol.

F. Preller.
361. Runensteine auf der Küste von Rügen. Aus Buddeus' Album. qu. fol.

G. Primavesi.
362. Landschaft mit Hütte an einem Fluss. J. Ruysdael p. qu. fol.

D. Quaglio.
363. 12 Bl. Die grossen Münchener Ansichten. fol. qu. fol. 1 Bl. doppelt. Beschnitten.
364. 3 Bl. von denselben. Vor der Schrift.
365. 9 Bl. aus dem sogenannten kleinen radirten Werk des Meisters. 8. qu. 8.

J. Rebell.
366. 3 Bl. Landschaften mit Ruinen und Gebäuden. qu. fol.

F. Rechberger.
367. 4 Bl. Steierische Gebirgslandschaften mit Hütten. qu. 4.

J. C. Reinhart.
368. Die Wäscherinnen bei der Mühle. Erster Versuch. qu. fol. Selten.

369. 6 Bl. Die römischen Grabmäler. qu. 4.
370. 6 Bl. Die Folge der heroischen Landschaftscompositionen. qu. fol. 1 Bl. vor dem Namen.
371. 3 Bl. von denselben. Fleckig.
372. Die Landschaft mit dem Aquädukt im Mittelgrund. qu. fol.
373. Dasselbe. Aetzdruck.
374. 3 Bl. Verschiedene kleine römische Landschaften. qu. 4. qu. 8.
375. 4 Bl. Die kleinen Landschaftscompositionen vom Jahr 1820. qu. 8.
376. 2 Bl. von denselben. Aetzdrücke.
377. Augegend mit zwei Kühen. qu. 8.
378. Dasselbe. Aetzdruck.
379. Sturmlandschaft mit galoppirendem Reiter. 4.
380. Felsenlandschaft mit einem Jäger. 4.
381. 72 Bl. Collection de Vues pittoresques de l'Italie par A. C. Dies, Charl. Reinhart et Jac. Mechau. Nürnberg 1799. qu. fol. Schöne alte Abdrücke dieser geschätzten Folge, mit französischem Text. Halbfranzband.

H. Reinhold.
382. 8 Bl. Deutsche Landschaften und Darstellungen aus dem römischen Leben, dabei 1 Bl. von J. Gauermann. 4. 8. qu. 8.

A. Rethel.
383. Das blutige Gewand Joseph's. Aus Buddeus' Album. qu. fol.
384. Arabeskeneinfassung mit Scenen aus dem Leben der Genoveva, zu Reinick's Liedern. fol. Aetzdruck.

L. Richter.
385. 6 Bl. Die Salzburger Ansichten. qu. 4. Vor den Nummern.
386. Richter-Album. Eine Auswahl von Holzschnitten nach Zeichnungen von L. Richter. Dritte Ausgabe in 2 Bänden. Leipzig 1855.
387. Goethe-Album. Von L. Richter. Nur 4 Lieferungen mit 31 Holzschnitten. Leipzig 1853. 4.

J. Rogisansky.
388. Oesterreichisches Fuhrwerk. qu. fol.
389. 4 Bl. Reit- und Wagenpferde. qu. 4.

C. F. v. Rumohr.
390. Gebirgige Landschaft mit Gebüschgruppen. qu. 4.

C. Scheuren.

391. 26 Bl. Radirungen von C. Scheuren. Landschaften und Figürliches. Complete Folge auf Chines. Papier. qu. 4. 8. qu. 8. 12.
392. Einsame Gegend mit alter Burg auf einem Felsen. qu. fol. Fleckig und beschnitten.

J. W. Schirmer.

393. Waldlandschaft mit Reh und Rehbock. Aus Buddeus' Album. qu. fol.
394. Flussufer mit waldiger Umgebung. Ebendaher. qu. fol.
395. 2 Bl. Erdlebenbilder: Deutsche und italienische Landschaft. Düsseldorfer Kunstvereinsblätter. gr. qu. fol.
396. 7 Bl. Folge von deutschen und italienischen Landschaften, zum Theil mit Staffage. fol. qu. fol. Schöne Abdrücke auf Chines. Papier.

C. Schleich.

397. 6 Bl. Landschaften mit Bäumen und Thieren. qu. 4. 8. qu. 8.

C. H. Schmolze.

398. Vertheidigung einer Burg. Aus dem Münchener Radirclub. 4. Auf Chines. Papier.

L. Schönberger.

399. 8 Bl. Landschaften, meist waldige Gegenden. qu. fol. qu. 4. qu. 8.

A. Schrödter.

400. Don Quixote verfolgt die Schafheerde. Aus Buddeus' Album, wie die Folgenden. qu. 4.
401. Münchhausen's lustiger Entenfang. qu. 4.
402. Titelblatt zum Buddeus-Album. qu. fol. Stockfleckig.
403. 6 Bl. aus der Folge der Radirungen zum Don Quixote. fol. I. Abdrücke mit Randeinfällen und auf Chines. Papier.

C. Schultz (aus Altona).

404. 2 Bl. Werfte zu Flottbeck, und Elbansicht mit Schiffen. qu. 4.
405. 2 Bl. Elbansichten bei Hamburg und Dresden. qu. 4.

*J. C. Schultz.

406. Danzig und seine Bauwerke in malerischen Original-Radirungen. 1848. Nur 6 Bl. aus dem zweiten Heft dieser 3 Lieferungen umfassenden Folge. fol. qu. fol.

L. Schwanthaler.

407. Leucothea und Ulysses. Aus Buddeus' Album. qu. fol.

M. v. Schwind.
408. Almanach von Radirungen von M. v. Schwind, mit erklärendem Text von Ernst v. Feuchtersleben. Zürich, J. Veith, 1844. 4. Mit 42 Bl. Etwas fleckig.

J. B. Sonderland.
409. Zigeunercaravane. Aus Buddeus' Album. qu. fol.

O. Speckter.
410. Dorfkirche mit Rückkehr von der Taufe. Aus Buddeus' Album. qu. 4.
411. Christus am Oelberg. F. Overbeck p. Lithographie auf Chines. Papier. gr. fol. Brüchig und fleckig.

L. Steinheim.
412. Italienische Landschaft mit Gebäuden. qu. fol.

C. Steffeck.
413. Hund und Rabe streiten sich um Fische. qu. 4. Auf Chines. Papier.

H. Steinfurth.
414. Sechs Compositionen zu des Aeschylos Prometheia entworfen und auf Stein gezeichnet. qu. fol.

E. Steinle.
415. Zwei Sänger. Aus Buddeus' Album. fol.

L. Strack.
416. Landschaft mit untergehender Sonne. qu. 8. Selten.

H. Stuhlmann.
417. 8 Bl. Landschaften, Flussgegenden mit baumreichen Ufern. Erstes Heft seiner Radirungen. qu. 4. 8. qu. 8. Auf Chines. Papier.

T. de Thomon.
418. 2 Bl. Ideale Landschaften mit Ruinen und Figuren. qu. 4.

J. P. Veith.
419. 12 Bl. Italienische und sächsische Landschaften, aus der Folge der „Arbeiten meiner Muse." qu. 4. 8. qu. 8.

A. Vollmer.
420. Canale Grande in Venedig. Aus Buddeus' Album. qu. fol.
421. Dasselbe. Vor der Schrift.
422. Hafenansicht aus Venedig. qu. fol. Auf Chines. Papier.
423. 5 Bl. Elbansichten bei Hamburg, und andere Landschaften aus den Heften der Radirungen Hamburger Künstler. qu. fol. qu. 4. qu. 8. Auf Chines. Papier.

F. Voltz.
424. 2 Bl. Der sich reibende Stier, und die brüllende Kuh.

Aus dem Münchener Radirclub. qu. 4. Auf Chines. Papier.
425. 2 Bl. Kühe im Stall, und ruhende Ziegen. Ebendaher. 4.

C. Waage.
426. Ansicht von Carlsbald gegen Morgen. J. Schäfler del. Lithographie. gr. qu. fol. Brüchig.

C. Wagner.
427. Isargegend mit Wasserfall. Aus Buddeus' Album. qu. fol.
428. Die Windmühle im Gewittersturm. Ebendaher. qu. fol.
429. 8 Bl. Landschaftliche Radirungen auf Stahl von C. Wagner. Erstes Heft mit 8 Bl. 1856. fol. 4.

R. Wiegmann.
430. Altes Gebäude mit Kapelle. Aus Buddeus' Album. fol.

J. G. Winter.
431. 2 Bl. Erlegte Hirsche. qu. 8. Neue Abdrücke.

F. Würthle.
432. 3 Bl. Landschaften am Kochelsee, mit Kalkofen und Lastträger. Aus dem Münchener Radirclub. qu. 4. 8. Auf Chines. Papier.

Xeller (?) (Dilettant).
433. 2 Bl. Bergige Landschaften mit alten Gebäuden. qu. 4.

M. Zimmermann.
434. Landschaft mit dichtem Gebüsch. 1848. gr. fol. Auf Chines. Papier.
435. 3 Bl. Landschaften aus dem Münchener Radirclub. 4. qu. 4. Ebenso.

Convolut.
436. 28 Bl. aus der Folge der Radirungen zu den Liedern und Bildern deutscher Künstler. Von Schrödter, Plüddemann, Ritter u. A. Düsseldorf, Buddeus. 4. qu. 4.

Unbekannte.
437. Eintrittskarte zum Hamburger Künstlerverein. Lithographie. qu. fol.
438. 6 Bl. Landschaften von verschiedenen Künstlern. qu. 4.

Niederländische Schule.

A. Aeltere Meister.

J. van Aken.
439. 4 Bl. Die Landschaften im Charakter des Rheins. II. Saftleven inv. qu. fol. B. 18—21. I. Abdrücke mit Cl. de Jonghe's Adresse. Unbedeutend fleckig.
440. Die Reisenden zu Pferd. qu. fol. B. 17. I. Abdruck. Oben ein kleiner Riss.
441. Der kleine Kahn. qu. 8. B. 8. Schöner Abdruck.

L. Bakhuysen.
442. 10 Bl. Die Folge der Marinen. B. 1—10. qu. fol. Dabei das Titelblatt Stroom en Zeegezichten und das Portrait des Meisters in Schwarzkunst. Schöne Abdrücke.

A. Baudouins.
443. 2 Bl. Baumreiche Landschaften. A. F. van der Meulen inv. qu. fol.

C. Bega.
444. Die junge von Bauern caressirte Wirthin. fol. B. 34.
445. Die junge Wirthin. 4. B. 33. Nach der Adresse von Covens und Mortier.
446. Die Mutter und ihr Mann. 4. B. 30.
447. Die Raucherin. 12. B. 11.
448. Der Mann in kurzem Mantel. 12. B. 8. An der linken Seite beschnitten.
449. Die Frau mit dem Krug. 12. B. 9.
450. Der Raucher. 12. B. 13.
451. Die alte Wirthin. 4. B. 32. Alter Abdruck mit der Adresse von Covens und Mortier und auf Chines. Papier.
452. 6 Bl. meist von den Vorigen. 8. 12. Spätere Abdrücke.

N. Berghem.
453. Die trinkende Kuh. qu. fol. B. 1. Schöner II. Abdruck vor Schenk's Adresse.
454. Die pissende Kuh. qu. fol. B. 2. Guter Abdruck auf Schellenkappenpapier. Die Adresse abgeschnitten. Oben einige Risse zugelegt.

455. Der flötende Hirt. 4. B. 6. Schöner alter Abdruck, vor der Nummer.
456. 5 Bl. Die Folge der Hirtenstücke in die Höhe. fol. B. 8—12. Alte Abdrücke mit de Wit's Adresse und auf Schellenkappenpapier. 1 Bl. fleckig und beschädigt, 1 Bl. scharf beschnitten.
457. 6 Bl. Die Folge verschiedener Thiere nebst den beiden Ziegenköpfen. qu. 4. 8. B. 13—18. Alte Abdrücke, die beiden letzten Blätter fleckig und verschnitten.
458. 6 Bl. Die Kühe mit dem Milchmädchen. qu. 8. B. 23—28. Sehr selten und alte Abdrücke, zum Theil etwas fleckig und scharf beschnitten.

G. Bleker.
459. Der vierräderige Wagen. qu. fol. B. 10. Schöner Abdruck. Aufgezogen.

F. Bol.
460. Die Familie. qu. 4. B. 4. Guter Abdruck.
461. Der Greis mit weissem Bart. 8. B. 9. Alter Abdruck. Fleckig und beschnitten.

S. à Bolswert.
462. Die Verspottung Christi. P. P. Rubens p. gr. fol. Guter Abdruck.
463. Die Himmelfahrt der heil. Jungfrau. Idem p. gr. fol.
464. Waldlandschaft mit Heerde. Idem p. Mit Hendrix's Adresse. qu. fol. Aufgezogen.

A. V. Borcsom.
465. Die beiden Kühe. qu. 4. B. 2. Alter II. Abdruck mit G. Valk's Adresse.

J. Both.
466. 4 Bl. Die Landschaften in die Höhe. fol. B. 1—4. Schöne I Abdrücke mit Matham's Adresse und vor den Nummern, mit Ausnahme von Nr. 4, auf welchem die Adresse gelöscht ist. 2 Bl. fleckig.
467. 4 Bl. aus der Folge der Landschaften in die Breite. qu. fol. B. 5. 6. 7. 8. Alte Abdrücke.
468. Das Maulthier, aus der vorigen Folge. B. 6. Vor dem Namen und vor der Nummer. Sehr selten.

P. Boel.
469. Die Eberjagd. qu. fol. B. 7. Aufgezogen.

B. Breemberg.

170. Landschaft mit Ruinen. 8. B. 2. Sehr selten. Fleckig.

J. G. Bronkhorst.

471. 2 Bl. Ruinen aus Rom. qu. fol. B. 12. 19. Alte Abdrücke auf Schellenkappenpapier und vor der Beschneidung der Platten.

M. de Bye.

472. 4 Bl. Die Jagden nach P. Potter. qu. 4. B. 57—60.
473. Der Maulthiertreiber. qu. 4. B. 78.

A. van der Cabel.

474. Die Bergspitze in Wolken. qu. fol. B. 9. Seltener I. Abdruck vor der Ziffer B. im Unterrand.
475. 2 Bl. Die Landschaften mit Staffage. qu. fol. B. 42. 48. Schöne Abdrücke.

J. Cats.

476. 6 Bl. Kleine holländische Landschaften 1768. qu. 8.

A. Cuyp.

477. 6 Bl. Die Kühe. qu. 8. Die schönen Copien, welche seltener vorkommen als die Originale.

C. Du Jardin.

478. Das Schlachtfeld. 4. B. 28. Schöner Abdruck vor der Nummer und auf Schellenkappenpapier. In der Ecke oben ein kleines Loch.
479. Dasselbe. Ohne Nummer.
480. 2 Bl. Das Titelblatt, und die Kuh nebst dem Kalb. 4. B. 1. 3. Alter Abdruck mit der Nummer, wie die Folgenden. Das Titelblatt mit der Adresse von Valck und Schenk.
481. Die beiden Esel. 4. B. 6.
482. 3 Bl. Die Ziege und die beiden Schafe, die drei Schweine, und die vier Ziegen. 4. qu. 4. B. 7. 8. 13.
483. Der Hirt hinter dem Baum. qu. 4. B. 23.
484. Der Mann bei den beiden Eseln. qu. 4. B. 19.
485. Die zum Hund redende Hirtin. qu. 4. B. 31.
486. Die Schaf- und Ziegenheerde. qu. fol. B. 33. Dublirt.
487. Die Kühe, der Stier und das Kalb. qu. fol. B. 34. Dublirt.
488. Der stehende Ochse und das liegende Kalb. 4. B. 30.
489. 6 Bl. Schafe in Landschaften. qu. 8. B. 35—40.

490. 13 Bl. Verschiedene Darstellungen. 4. qu. 4. Spätere Abdrücke auf gefärbtem Papier.

C. Du Sart.
491. Der Violinspieler. fol. B. 15.
492. Das Dorffest. qu. fol. B. 16. Späterer Abdruck.

A. van Dyck.
493. Pet. Breughel. fol. Weber 2. Mit der Adresse G. H. (die hier weggekratzt ist) auf Schellenkappenpapier.
494. Jod. de Momper. fol. W. 7. Nach G. H. Aufgezogen.
495. F. Franck. fol. W. 6. Nach G. H.
496. J. Suttermans. fol. W. 17. Nach G. H.

A. van Everdingen.
497. Die beiden sich nähernden Nachen. qu. 4. B. 32. Schöner und seltener I. Abdruck mit schwacher Bordüre.
498. 100 Bl. Das fast vollständige Werk des Meisters nebst dem Titel. Gute ältere Abdrücke mit den hinzugefügten Lüften, mehrere jedoch vor denselben. Dabei 1 Bl. von Waterloo. Pappband.

A. Flamen.
499. 12 Bl. Die Süsswasser-Fische. qu. 8. B. 37—48. Schöne I. Abdrücke vor der Adresse und vor den Nummern.
500. 12 Bl. Fische aus verschiedenen Folgen. B. 4. 6—12. 16. 18. 19. 22. qu. 4. Gute Abdrücke. Scharf beschnitten.

J. Fyt.
501. 9 Bl. Die Folge der Hunde. qu. fol. B. 9—16. Alte Abdrücke. 1 Bl. doppelt, 1 Bl. fleckig, 2 Bl. scharf beschnitten, ein Paar Ecken ergänzt.

A. Genoels.
502. 4 Bl. Die Landschaftsfolge. B. 29-32. qu. 8. Schöne alte Abdrücke.
503. Der Teich am Fuss der Felsen. qu. fol. B. 68. Ebenso.

J. Glauber.
504. Landschaft mit drei Figuren vorn. qu. fol. B. 13. Vor dem Namen und vor der Nummer. Sehr selten.

505. Landschaft mit ruhender Frau. qu. fol. B. 12. Vor der Nummer. Selten.

H. Goudt.
506. Tobias vom Engel geleitet oder der grosse Tobias. A. Elzheimer p. qu. fol. Schöner Abdruck, aber etwas fleckig.
507. Der kleine Tobias. Idem p. qu. 4. Schöner Abdruck.

J. van Goyen.
508. 2 Bl. Dorfgasse und Fähre mit Frachtwagen qu. 4.

P. V. H.
509. Der angekettete Hund. qu. 4. B. 9. Alter II. Abdruck mit Visscher's Adresse.
510. Die vier Windhunde. J. Jonkheer fec. qu. 4. B. 2. Alter Abdruck auf Schellenkappenpapier. Fleckig.

J. Hackaert.
511. Die Burg. gr. qu. 4. B. 1. Schöner Abdruck. Fleckig und beschädigt.
512. Der sich windende Weg. gr. qu. 4. B. 2.

J. van den Hecke.
513. 12 Bl. Die Folge der Thiere. qu. 8. B. 1—12. Nach Zulegung der Adresse des de Man.

H. Heerschop.
514. Der die Feder schneidende Gelehrte. 4. Dem Meister fälschlich zugeschrieben. Fleckig und mit kleinen Ausbesserungen am Rand.

J. van der Heyden.
515. 3 Bl. aus dem Werk über die Feuerspritzen zu Amsterdam. fol. Die Schrift oben verschnitten.

R. de Hooghe.
516. Landschaft mit einem Reiter, wahrscheinlich nach J. le Ducq. qu. fol.

J. Houbraken.
517. F. van Mieris bei der Staffelei. Se ipse p. fol.

J. Hugtenburg.
518. 6 Bl. Landschaften zum Theil mit Kriegsscenen. A. F. van der Meulen inv. qu. 4. B. 25—30. Schöne Abdrücke.
519. 4 Bl. Die Folge verschiedener Kriegsscenen. Idem inv. qu. 4. B. 31—34. Ebenso. Scharf beschnitten.

P. de Jode.
520. Joh. Snellinx. A. van Dyck p. Von A. van Dyck radirt und von Pet. de Jode vollendet. fol. Schöner Abdruck mit G. H. Selten.

J. Jordaens.
521. Ein Bauer hält vor mehreren Zuschauern eine Kuh am Schweife fest. qu. fol.

H. Kobell.
522. Das Bauernhaus am Kanal. qu. fol. II. Abdruck mit Mondbeleuchtung. Verschnitten.

P. de Laer.
523. 8 Bl. Verschiedene Thiere. qu. 4. B. 1—8. Gemischte ältere Abdrücke.
524. 6 Bl. Die Pferde. qu. 8. B. 9—14. Gemischte ältere Abdrücke.
525. Die sitzende Frau. 12. B. 19.
526. Die beiden Cavaliere. qu. 8. B. 17.
527. Der Cavalier. 12. B. 20.

G. Lairesse.
528. 6 Bl. Darstellungen zur Sage der Jo. qu. 8.

D. Langendyck.
529. Stadtansicht mit einer Festlichkeit. qu. 8. Verschnitten.

P. Lastman.
530. Thamar und Juda. fol. Schöner Abdruck. Scharf beschnitten, und Thamars Brust mit der Feder übergezeichnet.

J. Livens.
531. Bärtiger Greis mit langem Shawl um den Kopf. 4. B. 18. Alter Abdruck mit der Adresse und der Nummer.

L. van Leyden.
532. Mardochai's Triumphzug. qu. fol. B. 32. I. Abdruck vor Petri's Adresse. Aufgezogen und rechts etwas verschnitten.
533. Die Himmelskönigin. 8. B. 82. Der Rand angesetzt.
534. 2 Bl. aus der Passion Christi. 8. B. 70. 73. 8. Gute Abdrücke. Unten die betreffenden Bibelstellen mit Tinte eingeschrieben.
535. Der siegreiche David. 8. B. 26.
536. Versuchung des heil. Antonius. 4. B. 117. Guter Abdruck. Etwas fleckig.

537. Der Operateur. 8. B. 157.
538. Der Chirurg. 8. B. 156. Unreiner Druck.
D. Maas.
539. 8 Bl. aus der Folge der Soldaten. 8. qu. 4. Selten.
A. Meyeringh.
540. Pan und Syrinx. fol. B. 7. Schöner Abdruck.
541. Die hölzerne Brücke. qu. fol. B. 23. Schöner Abdruck.
F. A. Milatz.
542. 2 Bl. Waldgegend mit Strasse, und Dorfpartie. qu. 4.
543. Die Bauernhütte hinter dem Hügel am Gehölz. qu fol. Schöner Abdruck.
J. Moucheron.
544. Heroische Landschaft mit antiken Ruinen. qu. fol.
545. 8 Bl. Heroische Landschaften mit Staffage. C. Poussin p. qu. fol. Gute Abdrücke.
N. Moyaert.
546. 1 Bl. aus der Folge der Landschaften mit Tobias und dem Engel. qu. fol. Schöner Abdruck.
H. Naiwjncx.
547. 8 Bl. Landschaften. 4. B. 1. 3. 4. 5. 6. 8. 12. 13. Dabei das Titelblatt mit Cl. de Jonghe's Adresse.
F. de Neue.
548. Die Hirtin mit dem Tambourin. qu. fol. B. 13.
P. Nolpe.
549. 6 Bl. aus der Folge 't Boeren Leven. 8. qu. 8. Mit N. Visscher's Adresse. 2 Bl. an der Seite verschnitten.
J. Ossenbeck.
550. Der Liqueurhändler. 8. B. 5. Späterer Abdruck.
551. Die Eberjagd. P. de Laer inv. gr. qu. fol. B. 31.
552. 4 Bl. Ländliche Beschäftigungen während der vier Jahreszeiten. L. Bassano p. qu. fol. B. p. 308. Nr. 6—9.
A. van Ostade.
553. Der Bauer mit spitzer Mütze. 12. B. 3. Guter Abdruck.
554. Der Hornbläser. 8. B. 7. Ebenso. Etwas fleckig.
555. Der Bauer in der Hausthür. 8. B. 9.
556. Der Raucher im Fenster. 4. B. 10.
557. Die Raucher. 8. B. 13.
558. Das nach der Puppe verlangende Kind. 8. B. 16.

559. Die Schule. 8. B. 17.
560. Der Messerstich. qu. 8. B. 18.
561. Die Scheune. qu. fol. B. 23. Guter Abdruck mit der weissen Stelle am Rücken der Frau.
562. Mann und Frau zusammensprechend. 8. B. 24.
563. Die Weiferin. 8. B. 25.
564. Die Fischer. qu. 4. B. 26.
565. Die Sängerin. 8. B. 30.
566. Die Spinnerin. qu. 4. B. 31.
567. Der Maler im Atelier. fol. B. 32. Scharf beschnitten
568. Der Familienvater. 8. B. 33.
569. Das Tischgebet. 4. B. 34. Dublirt.
570. Der Scheerenschleifer. 8. B. 36.
571. Die reisenden Musikanten. 8. B. 38.
572 Die beiden alten Weiber in Gespräch. 8. B. 40.
573. Das Schweinschlachten. Rund 4. B 41.
574. Die Bierschenkerin. 8. B. 42.
575. Der bucklichte Violinspieler. 4. B. 44.
576. Der Violinspieler. 4. B. 45. Neuer Druck.
577. Der Tanz unter der Weinlaube. qu. 4. B. 47.
578. Das Fest unter dem grossen Baum. qu. 4. B. 48.
579. Der Tanz im Wirthshaus. qu. fol. B. 49.

P. Pontius.

580. Theod. Vanloo. A. van Dyck p. fol. Schöner Abdruck mit G. II. und auf Schellenkappenpapier.
581. St. Rochus und die Pestkranken. P. P. Rubens p- gr. fol. Schöner alter Abdruck. Bis zum Stichrand beschnitten.

P. Potter.

582. 8 Bl. Die Folge der Ochsen und Kühe. qu. 8. B. 1—8. Alte schöne und seltene II. Abdrücke mit Cl. de Jonghe's Adresse.
583. Der Kuhhirt. gr. 4. B. 14. Guter und seltener Abdruck mit de Wit's Adresse.
584. Der Schäfer. qu. fol. B. 15. Alter Abdruck mit Cl. de Jonghe's Adresse. Fleckig und der Name weggeschnitten.

E. Quellinus.

585. Der Kindertanz. qu. fol. Schöner alter Abdruck. Wenig fleckig.

A. Rademaker.

586. 12 Bl. Holländische Ansichten aus der Folge. qu. 8.

Rembrandt.

587. Rembrandt mit der Schärpe. 4. B. 17. Alter Abdruck. Etwas verschnitten.
588. Rembrandt und seine Frau. 8. B. 19.
589. Rembrandt mit der Federmütze. 4. B. 20. Späterer Abdruck auf Seidenpapier.
590. Rembrandt zeichnend. 4. B. 22.
591. Abraham und Isaak. 4. B. 34. Alter Abdruck.
592. Das Opfer Abraham's. 4. B. 35. Schöner Abdruck.
593. Joseph deutet die Träume. 8. B. 37. Alter Abdruck.
594. Joseph und Potiphar's Frau. qu. 8. B. 39.
595. Der Engel verschwindet vor der Familie des Tobias. qu. 8. B. 43. Alter Abdruck.
596. Die Verkündigung an die Hirten. fol. B. 44. Alter guter Abdruck. Fleckig und aufgezogen.
597. Die Geburt Christi. qu. 8. B. 45. Alter Abdruck.
598. Die Anbetung der Hirten. qu. 4. B. 46. Alter Abdruck.
599. Die Beschneidung. qu. 8. B. 47. Alter Abdruck mit der weissen Stelle.
600. Die Darstellung im Tempel. qu. fol. B. 49. Alter schöner II. Abdruck vor dem Turban des Joseph. Sehr selten.
601. Die Darstellung im Tempel. 8. B. 51. Alter Abdruck.
602. Die heil. Familie. 8. B. 62. Ebenso.
603. Christus zum Volk predigend oder la petite Tombe. qu. fol. B. 67. Schöner und seltener II. Abdruck mit Schwarzkunst.
604. Dasselbe. Alter schöner Abdruck ohne diese.
605. Der Zinsgroschen. qu. 8. B. 68. Alter Abdruck.
606. Christus treibt die Wechsler aus dem Tempel. qu. 4. B. 69. Schöner I. Abdruck mit dem kleinen Munde.
607. Die Samariterin am Brunnen. 4. B. 71.
608. Das Hundertgulden-Blatt. qu. fol. B. 74. Matter Abdruck vor der Retouche von Baillie.
609. Die kleine Auferweckung des Lazarus. 4. B. 72. Alter Abdruck.

610. Die grosse Auferweckung des Lazarus. fol. B. 73. Später Abdruck.
611. Christus am Oelberg. 8. B. 75.
612. Christus am Kreuz. 8. B. 80. Alter Abdruck. Scharf beschnitten.
613. Die grosse Kreuzabnehmung. gr. fol. B. 81. Alter Abdruck ohne Adresse. Grau und fleckig.
614. Die Abnehmung Christi vom Kreuz. 4. B. 83.
615. Christus zu Emaus. 4. B. 87.
616. Die Rückkehr des verlornen Sohnes. 4. B. 91.
617. Petrus und Johannes an der Thür des Tempels. qu. 4. B. 94. Alter und sehr seltener II. Abdruck.
618. Die Steinigung des Stephanus. 8. B. 97. Alter schöner Abdruck.
619. Die Taufe des Kämmerers. qu. fol. B. 98. Ebenso.
620. Tod der heil. Jungfrau. gr. fol. B. 99. Schöner alter Abdruck.
621. St. Hieronymus. 8. B. 102. Später Abdruck auf Seidenpapier.
622. Der Schulmeister. 8. B. 128.
623. La Fortune contraire. qu. 4. B. 111. Alter Abdruck aus dem Buche.
624. Der Stern der drei Könige. qu. 8. B. 113. Schöner alter Abdruck.
625. Die drei orientalischen Figuren. 4. B. 118. Alter Abdruck.
626. Die wandernden Musikanten. 4. B. 119. Guter späterer Abdruck.
627. Die Plinsenbäckerin. 8. B. 124. Alter Abdruck.
628. Der Kartenspieler. 8. B. 136. Alter schöner Abdruck vor der Retouche von Watelet.
629. Bettler und Bettlerin. 8. B. 164. Späterer Abdruck.
630. 3 Bl. Bettler. 8. B. 151. 174. 179. Alte Abdrücke. 2 Bl. beschädigt und fleckig.
631. 2 Bl. Die Bettler. T'is vinnich kout und dais niet. 8. B. 177. 178. Alte Abdrücke.
632. Der sitzende nackte Mann. 8. B. 193. Alter Abdruck.
633. Die nackte Negerin. qu. 8. B. 205. Später Druck.
634. Der Mann mit kurzem Bart. 4. B. 263. Alter schöner Abdruck.

635. Menassé Ben-Israel. 8. B. 269. Alter Abdruck. Rechts etwas verschnitten und eingetuscht.
636. Junger nachdenkender Mann. 8. B. 268. Alter Abdruck.
637. Faust. 4. B. 270. Alter Abdruck. Oben ein Riss unterlegt.
638. Abrah. Fransze. qu. fol. B. 273. Alter IV. Abdruck.
639. Jan Sylvius. 4. B. 266. Alter Abdruck.
640. Clement de Jonghe. fol. B. 272. Alter schöner V. Abdruck.
641. Jan Lutma. 4. B. 276. Guter Abdruck.
642. Utenbogaerd oder der Goldwäger. fol. B. 281. Schöner Abdruck auf Japan. Papier mit der Retouche von Baillie.
643. Der Greis mit grossem Bart. 4. B. 290. Alter Abdruck. Links etwas beschädigt.
644. Der Mann mit schiefem Munde. B. 305. Alter Abdruck. Fleckig und etwas eingerissen.
645. Die Frau mit dem Perlenschmuck im Haar. 8. B. 347. Alter Abdruck.
646. Die Kühe an der Tränke. qu. 4. B. 237. Schöner alter Abdruck.
647. Die Landschaft mit den drei Bäumen. qu. fol. B. 212. Ebenso. Aufgezogen und knapp beschnitten.

R. Roghman.

648. 5 Bl. Landschaften aus der Folge. B. 25—32. qu. fol. qu. 4. I. Abdrücke mit M. Küsell's Adresse. 2 Bl. fleckig.

J. le Roy.

649. Landschaft mit einer Gruppe von vier Stieren. qu. fol. Selten.

P. Rysbraeck.

650. 6 Bl. Folge von Landschaften mit Staffage. qu. 4. B. 1—6. Schöne Abdrücke.

J. Ruysdael.

651. Die kleine Brücke. qu. fol. B. 1. Späterer Abdruck.
652. Die beiden Bauern und ihr Hund. qu. fol. B. 2. Ebenso.
653. Die Hütte auf dem Hügel. qu. fol. B. 3. Ebenso.

D. Stoop.

654. 12 Bl. Die Folge der Pferde. qu. 4. B. 1—12.

Schöne und seltene Abdrücke vor den Nummern, und mit Clem. de Jonghe's Adresse. Zum Theil fleckig und 1 Bl. verschnitten.

H. van Swanefelt.

655. Salmacis und Hermaphrodit. qu. fol. B. 71. Alter Abdruck mit Rossi's Adresse.
656. 2 Bl. Das Gehölz am Fluss und die Wäscherinnen. qu. fol. B. 89. 90. I. Abdrücke mit der Adresse des Meisters.
657. 6 Bl. Die Landschaftsfolge mit der Geschichte des Adonis. qu. fol. B. 101—106. Schöne I. Abdrücke mit der Adresse des Meisters.
658. Die Landschaft mit dem Eremit St. Anton. qu. fol. B. 108. Ebenso. Oben ein Riss unterlegt.
659. 2 Bl. aus der Folge der Landschaften mit den Satyrn. qu. 4. B. 50. 51. Alte schöne Abdrücke. Fleckig.
660. Ansicht eines römischen Grabmals. qu. 8. B. 57. I. Abdruck.

J. Suyderhoef.

661. Casp. Sibelius. F. Hals p. fol. Wussin 80.*) Schöner I. Abdruck vor Tangena's Adresse. Etwas fleckig.

Theodore.

662. Die Frau bei der Vase, nach Millet. qu. fol. B. 7. Alter Abdruck, wie die Folgenden.
663. Die Heerde am Wasser. qu. fol. B. 13.
664. 3 Bl. Christus und das cananäische Weib, Cephalus und Procris, und die kleine Familie. B. 22. 16. 11. Scharf beschnitten.

L. van Uden.

665. Die beiden Kühe und Hirten am Teich. P. P. Rubens p. qu. fol. B. 59. Schöner I. Abdruck vor dem Namen des Rubens. Selten.
666. Landschaft mit einem Zug von Reitern. Tizian inv qu. 4. B. 53. Schöner alter Abdruck.
667. Die Landschaft mit dem Schloss. qu. 8. B. 11. Guter Abdruck.

M. Uytenbroeck.

668. Hagar in der Wüste. qu. 4. B. 5. Schöner I. Abdruck.

---

*) Jonas Suyderhoef. Beschrieben von J. Wussin. Leipzig 1861.

669. 3 Bl. Die Indier Tabak zubereitend. qu. 8. B. 50—52. Alte gute Abdrücke.
670. Die felsige Landschaft. qu. 4. Fehlt B. Weigel 61.*) Schöner II. Abdruck.

L. de Vadder.
671. Die Hohlwege. qu. 8. B. 2. Sehr seltener I. Abdruck vor den Figuren. Aeusserst selten, wie die Folgenden.
672. Das Haus im Gebüsch. qu. 8. B. 3.
673. Der Teich. qu. 8. B. 4.
674. Die Baumpflanzung. qu. 8. B. 5.
675. Das Dorf auf dem Hügel. qu. 8. B. 7.

A. van de Velde.
676. 10 Bl. Die Folge der Thiere. qu. 8. B. 1—10. Gemischte ältere und spätere Abdrücke mit der Adresse.

E. van de Velde inv.
677. 6 Bl. Flache Landschaften mit Gebäuden. J. C. Visscher exc. qu. 8. Aufgezogen.

A. H. Verboom.
678. 2 Bl. Der Meiler, und der Sumpf. qu. 4. B. 1. 2.

C. Visscher.
679. 2 Bl. Abraham verlässt das Land Haran. G. Bassano p. qu. fol. W. 98. 99**) Schöne I. Abdrücke.
680. Die Zigeunerin. fol. W. 159. Schöner W. fehlender IV. Abdruck mit der Adresse. Scharf beschnitten. Aufgezogen.

S. de Vlieger.
681. Die Einfuhr des Getreides. qu. 8. B. 5.
682. Das Gehölz am Kanal. qu. 4. B. 6. Selten, wie die Folgenden.
683. Der grüne Berg. qu. 4. B. 7.
684. Das Gasthaus. qu. fol. B. 8. Auf Schellenkappenpapier.
685. Das Zugpferd. qu. 4. B. 14. Etwas fleckig.

J. G. van Vliet.
686. Lot und seine Töchter. Rembrandt inv. fol. B. 1. Schöner I. Abdruck vor der Adresse. Etwas fleckig.

---
*) Suppléments au Peintre-Graveur par Bartsch. Recueillis par R. Weigel. Leipzig 1843.
**) Cornel. Visscher. Verzeichniss seiner Kupferstiche von J. Wussin. Leipzig 1865.

687. Die lesende Alte. Rembrandt inv. fol. B. 18.
Schöner Abdruck. Etwas fleckig.
688. Büste eines Greises. Idem inv. 4. B. 23. Schöner Abdruck.
689. Der Geruch. fol. B. 29. Schöner Abdruck.
690. 8 Bl. Aus der Folge der Bettler. B. 73—82. 8. Schöne I. Abdrücke vor den Nummern.

L. Vorsterman.

691. H. van den Eynden. A. van Dyck p. 4. Schöner I. Abdruck vor dem Namen des Stechers und mit van den Enden's Adresse. Sehr selten.

J. B. de Wael.

692. 14 Bl. Die Scenen aus dem Italienischen Volksleben. qu. 8. B. 1—14. Schöne I. Abdrücke vor den Nummern. Das Titelblatt bis zum Stichrand beschnitten.

A. Waterloo.

Ein sehr vorzügliches Werk in schönen alten Abdrücken.
693. 2 Bl. Landschaften. qu. 8. B. 1—2. Aeltere Abdrücke mit den Nummern.
694. 4 Bl. Folge von Landschaften. qu. 4. B. 3—6. Schöne Abdrücke vor Ottens' Adresse.
695. 12 Bl. Die Dorfansichten. qu. 8. B. 7—18. Alte Abdrücke meist auf Schellenkappenpapier.
696. 2 Bl. Das Gehölz, und die Schleuse. qu. 8. B. 19. 20. Schöne Abdrücke vor der Nummer.
697. 12 Bl. Folge von Landschaften. qu. 8. B. 21—32. Schöne alte Abdrücke.
698. 6 Bl. Folge von Landschaften. qu. 8. B. 33—38. Schöne I. Abdrücke dieser seltenen Folge vor Ottens' Adresse.
699. 2 Bl. Die beiden Nachtstücke. qu. 4. B. 39. 40. Schöne I. Abdrücke vor den Nummern.
700. 6 Bl. Folge von Landschaften. qu. 4. B. 41—46. Schöne Abdrücke dieser seltenen Folge.
701. 6 Bl. Folge von Landschaften. qu. 4. B. 48—52. Ebenso.
702. 6 Bl. Folge von Landschaften. qu. 4. B. 53—58. Schöne Abdrücke auf Schellenkappenpapier.
703. 6 Bl. Folge von Landschaften. qu. 4. B. 59—64. Alte Abdrücke.

704. 6 Bl. Folge von Landschaften. qu. 4. B. 65—70. Schöne I. Abdrücke vor Ottens' Adresse.
705. 6 Bl. Folge von Landschaften mit den Wasserfällen. qu. 4. B. 71—76. Gute Abdrücke dieser seltenen Folge.
706. 6 Bl. Folge von Landschaften. qu. 4. B. 77—82. Gute Abdrücke dieser seltenen Folge.
707. 6 Bl. Folge von Landschaften. qu. 4. B. 83—88. Selten.
708. 6 Bl. Verschiedene Ansichten. qu. fol. B. 89—94. Schöne alte Abdrücke.
709. 12 Bl. Die Stadtansichten. qu. fol. B. 95—106. Gute Abdrücke dieser sehr seltenen Folge. 3 Bl. scharf beschnitten.
710. 5 Bl. aus der Folge der Landschaften. B. 107—112. (B. 110 fehlt) qu. fol. Schöne alte Abdrücke auf Schellenkappenpapier. 1 Bl. fleckig.
711. 3 Bl. Landschaften aus der Folge. qu. fol. B. 113. 116. 118. Alte Abdrücke bis auf 1 Blatt.
712. Die Mühle. fol. B. 119. Vorzüglicher Abdruck auf Schellenkappenpapier.
713. 2 Bl. Landschaften. fol. B. 120. 123. Schöne Abdrücke. Mit unterlegten Rissen.
714. 6 Bl. Die Landschaften mit alttestamentlicher Staffage. fol. B. 131—136. Sehr selten. Einige Blätter etwas fleckig und matt.

H. Witdouk.
715. Die Anbetung der Weisen. P. P. Rubens p. fol.

Th. Wyck.
716. Die Kartenspieler. 8. B. 2.
717. Der runde Thurm. qu. 8. B. 7. Schöner Abdruck.
718. Die Colonnade. qu. 8. B. 8.
719. Die Schmiede. qu. 8. B. 9. Schöner Abdruck.
720. Die Köchinnen am Brunnen. 4. B. 13.
721. Die Frau mit den Körben. qu. 8. B. 14.
722. Die Frau bei dem ausruhenden Manne. qu. 4. B. 21. Matter Abdruck dieses sehr seltenen Blattes.

R. Zeeman.
723. 8 Bl. Nieuwe Scheeps Batalien. qu. fol. B. 99—106. Schöne I. Abdrücke mit Cl. de Jonghe's Adresse.

B. Neuere Meister (Holländer und Belgier).

J. Achard.
724. 6 Bl. Baumreiche Landschaften. 4. qu. 8. Vorzügliche Abdrücke auf Chines. Papier.

Cesar de Cock.
725. Waldpartie mit Wasser. fol. Auf Chines. Papier.
726. Landschaft mit zwei Figuren. fol. Ebenso.

R. Craeyvanger.
727. 5 Bl. Etsen. Eaux fortes. Genrescenen. Amsterdam. 1857. 4. 8. Auf Chines. Papier. In Umschlag.

Dubourcq.
728. 2 Bl. Bauermädchen mit Hühnerkorb. fol. Auf Chines. Papier.
729. Mädchen mit Licht. 4. Ebenso.
730. Landschaft mit altem Baumstamm. qu. fol. Ebenso.
731. Hoher Baum mit Gebüsch. fol. Ebenso.
732. Italienische Landschaft. qu. fol. Ebenso.

T. Fourmois.
733. Hügelige Landschaft mit Bauernhütte. qu. fol. Ebenso.

A. Francia.
734. Kahle Landschaft mit einem Wege und Wasser vorn. qu. fol. Ebenso.

J. de Frey.
735. Der lesende Eremit. Qu. Brekelencamp p. 4. Guter Abdruck mit Nadelschrift.
736. Christus geneest de Moeder van Petrus. G. Metzu inv. 4. Guter Abdruck, wie die Folgenden.
737. Halbfigur eines Kriegers. Drost p. 4.
738. Isaac, Jacob und Rebecca. S. Koning p. qu. fol.
739a. Jacob segnet die Kinder des Joseph. Rembrandt p. qu. fol.
739b. Papst Pius VII., nach L. David. 4. Sehr selten.

L. Gallait.
740. Mutter mit Kind. fol. Auf Chines. Papier.

W. Gruyter.
741. 6 Bl. Landschaften und Marinen. 1 Bl. doppelt im Aetzdruck. qu. 4. qu. 8.

J. Hartogensis.
742. Landschaft mit grossem Baum. qu. 8.
743. Dasselbe. Aetzdruck auf Chines. Papier.

D. van de Kellen jun.
744. 8 Bl. Scenen aus dem Volksleben, zum Theil Aetzdrücke, 1 Bl. doppelt. 8 qu. 4.
M. A. Kuytenbrouwer.
745. 2 Bl. Landschaften mit Frachtwagen und zwei Figuren. qu. 4.· qu. 8. Auf Chines. Papier. 1 Bl. Aetzdruck.
P. Lauter.
746. 2 Bl. Landschaften mit Bauernhäusern. qu. fol. qu. 4. 1 Bl. auf Chines. Papier.
H. Leys.[*]
747. Interieur mit einer Bäuerin. 4. Fleckig.
E. Linnig.
748. Holländische Kanallandschaft mit Schiffen. qu. fol.
P. H. Molyn.
749. Ansicht einer alten Kirche. qu. 8.
P. G. van Os.
750. 6 Bl. Folge verschiedener Thiere in Landschaften. qu. fol.
J. H. Prins.
751. Ein Künstler eine alte Ruine zeichnend. qu. 4.
M. L. D. Robbe.
752. Flache Weidegegend mit Stier, Kuh und Schafen. qu. fol. Matter Abdruck.
C. Springer.
753. 5 Bl. Architekturen und Stadtansicht. 4. qu. fol. Auf Chines. Papier.
C. Steffelaar.
754. 3 Bl. Bauernhütte unter Bäumen. qu. 8. Drei verschiedene Aetzdrücke und Probedrücke.
755. 6 Bl. Folge von einzelnen Figuren aus dem Volksleben. 8. Auf Chines. Papier.
Tavernier.
756. Thor mit drei Figuren. gr. 4. Auf Chines. Papier.
W. van Troostwyck.
757. Zwei Stiere auf der Weide, der eine sich an einem Pfahl reibend. qu. fol. Selten.
E. J. Verboeckhoven.
758. 2 Bl. Der Fuchs und der Rabe, der Wolf und der Hund. 8. qu. 8. 1 Bl. auf Chines. Papier, wie die Folgenden.

---

[*] Les Eaux-fortes de H. Leys par M. P. Burty in der Gazette des Beaux-Arts. 1. Mai 1866.

759. 2 Bl. Der Fuchs, Kater und Affe, und ein Affe auf einer Stange. qu. 8. 12.
760. 2 Bl. Esel und Pferd auf der Weide. qu. 8.
761. 3 Bl. Hirsch, liegender Hund und Windmühle. 12. qu. 8.
762. 4 Bl. Schafe, und Kopf eines Pferdes. qu. 12.
763. 2 Bl. Stehender und weidender Stier. qu. 8.
764. 2 Bl. Liegende Kuh und weidender Stier. qu. 4.
765. 2 Bl. Ruhender Löwe und der Löwe mit dem Reh. qu. fol. qu. 4.

G. Vanderhecht.
766. Ruinen eines alten Klosters. qu. 4. Auf Chines. Papier.

Italienische Schule.

F. Amato.
767. St. Joseph. fol. B. 2. Alter Abdruck. Selten.
768. St. Hieronymus. fol. B. 3. Ebenso.

P. S. Bartoli.
769. Die Enthaltsamkeit des Scipio. Giul. Romano inv. qu. fol. Schöner und seltener I. Abdruck vor der Schrift.

St. della Bella.
770. 5 Bl. Hafenansichten mit Schiffen. qu. 8. Alte Abdrücke, wie die Folgenden.
771. 4 Bl. Die Elemente. qu. fol.
772. 8 Bl. Diversi Figure paesi. qu. 8.

M. A. Bellavia.
773. Die Anbetung der Hirten. 4. B. 1.

G. Bonasone.
774. 2 Bl. Silen auf dem Esel, Midas und Silen. qu. 4. B. 88. 89. Gute Abdrücke. 1 Bl. etwas fleckig.

A. Canale.
775. La Torre di Malgera in Venedig. qu. fol. Vor der Nummer. Selten.
776. Al Dolo. Ansicht aus Venedig. qu. fol.

A. Carlone.
777. Der Tod des heil. Joseph. 4.

J. Carpioni.
778. Die heil. Jungfrau lesend. fol. B. 5. Alter Abdruck.

779. St. Hieronymus. fol. B. 12.
H. Carracci.
780. Susanna im Bade. fol. B. 1.
781. Die Dornenkrönung Christi. 4. B. 3. Alter schöner Abdruck. Wenig fleckig.
782. Die Madonna vom Jahre 1590. qu. fol. B. 11. Schöner und seltener I. Abdruck. Scharf beschnitten und etwas restaurirt.
A. Carracci.
783. 2 Bl. aus der Folge der Apostel, jedes mit 3 Figuren. qu. 4. B. 48 etc. Schöne und seltene unzerschnittene Abdrücke.
L. Carracci. (Nach ihm.)
784. Die Anbetung der drei Könige. fol. B. XVIII. p. 199. Aus der Schule der Carracci's. Der Schriftrand weggeschnitten.
G. B. Castiglione.
785. Laban durchsucht das Reisegepäck Jacob's. qu. fol. B. 4.
786. Gott Vater betrachtet seinen neugebornen Sohn. qu. fol. B. 11.
787. 16 Bl. Die Folge der kleinen orientalischen Köpfe. 8. B. 32—47. Schöne alte Abdrücke mit Plattengrat.
788. 1 Bl. aus der Folge der grossen Köpfe. 4.
O. Finletti.
789. St. Sebastian. J. Tintoretto p. fol. B. 3. I. Abdruck vor der Adresse.
B. Franco.
790. Bacchanten beklagen die Verwandlung der Daphne. qu. 8. B. 86. Seltener I. Abdruck vor der Schrift.
P. L. Ghezzi.
791. Jesus vertraut Petrus das Hirtenamt. 4. B. 3.
G. Ghisi.
792. Die Verlobung der heil. Katharina, nach F. Primaticcio. fol. B. 12. Schöner Abdruck. Aufgezogen und scharf beschnitten.
H. Gimignani.
793. Cleopatra. fol. B. 23. Schöner und seltener I. Abdruck. Wenig fleckig.
J. F. Grimaldi.
794. Die drei Männer. qu. fol. B. 52. I. Abdruck mit Mazot's Adresse.

G. Leone.
795. Eine Ziegenheerde bei Ruinen. qu. fol. Selten.
L. Loli.
796. St. Hieronymus. G. Reni inv. 4. B. 13.
F. Londonio.
797. 12 Bl. Die Folge der Lord Dundas' dedicirten Hirtenstücke. qu. fol. Alte Abdrücke.
798. 12 Bl. Die Folge der Lord Exeter dedicirten Pastoralen. qu. fol. Schöne und seltene Abdrücke auf blauem Papier.
J. Longhi.
799. 2 Bl. Die Grablegung Christi, und die Enthauptung des Johannes. D. Crespi und G. Dow p. fol.
Meister B. mit dem Würfel.
800. 12 Bl. aus der Folge der Tapeten des Papstes. Raphael inv. qu. fol. B. 32. 33. Spätere Abdrücke.
801. 4 Bl. Die Geschichte des Apollo und der Daphne, nach G. Romano. fol. B. 19—22. 2 Bl. in seltenen Abdrücken vor der Retouche, und 1 Bl. doppelt.
802. Das Opfer des Priap, nach Raphael. qu. fol. B. 27. Schöner I. Abdruck vor der Retouche und vor aller Adresse.
C. Maratti.
803. Die heilige Jungfrau mit St. Magdalena. 4. B. 6.
804. Die Verlobung der heil. Katharina. Oval 4. B. 10. Etwas fleckig.
P. F. Mola.
805. Die Madonna mit dem Kinde. 8. B. 3. Schöner Abdruck.
G. B. Primavesi.
806. 52 Bl. Raccolta delle più belle Vedute antiche di Roma. 1802. qu. fol. qu. 4. In Umschlag.
807. 2 Bl. Ansichten vom Constantinsbogen. kl. qu. fol.
G. Reni.
808. Das Jesuskind und der kleine Johannes. qu. 4. B. 13 Die Figur des Joseph mit der Feder überzeichnet.
809. Die Glorie der Engel. L. Cambiasi inv. fol. B. 45. Schöner Abdruck. Wenig fleckig.
810. St. Rochus vertheilt seine Habe unter die Armen. H. Carracci inv. qu. fol. B. 53. Guter alter Abdruck. Einige kleine Risse unterlegt.

S. Rosa.
811. 4 Bl. St. Albert, Jason und andere Darstellungen. fol. B. 2. 17. 18. 20. Spätere Abdrücke.

E. Sirani.
812. Die schmerzenreiche Maria. fol. B. 7. Selten.

J. Spagnoletto.
813. St. Hieronymus mit dem Engel. fol. B. 4.
814. St. Petrus betend. fol. B. 7. Guter Abdruck.
815. Das Bacchanal. qu. fol. B. 13. Guter II. Abdruck.

A. Tempesta.
816. 6 Bl. aus der Folge der Jagden und eine Schlachtdarstellung. qu. fol. B. 1133—39. Schöne Abdrücke.

P. Testa.
817. Ruhe auf der Flucht nach Egypten. qu. fol. B. 12. Unten ein Riss.

J. D. Tiepolo.
818. Die Heiligen der Familie Crotta. J. B. Tiepolo inv. qu. fol.
819. 3 Bl. Köpfe. 4. Selten.

A. Triva.
820. Ruhe auf der Flucht nach Egypten. qu. fol. B. 2.

E. Vico.
821. 8 Bl. aus der Folge der emblematischen Darstellungen. B. 50—91. qu. 8. Alte Abdrücke.

Französische Schule.

A. Aeltere Meister.

B. Audran.
822. J. B. Colbert. Brustbild in Oval. C. Le Febure p. gr. fol. Schöner Abdruck.

J. J. Balechou.
823. Jean de Jullienne, Kunstliebhaber. Halbfigur mit einer Zeichnung. J. F. de Troy, p. gr. fol. Alter Abdruck.

N. Beatrizet.
824. Der Sturz des Phaeton. Michel Angelo inv. fol. B. 38. R.-D. 31. Schöner Abdruck. Wenig fleckig und zwei Risse unterlegt.

S. Bourdon.
825. Die Taufe des Kämmerers. fol. R.-D. 30. I. Abdruck mit Boissevin's Adresse.

Französische Schule. A. Aeltere Meister.

826. Die Landschaft mit dem Blitzstrahl. qu. fol. R.-D. 44. Alter Abdruck. Wenig fleckig.

J. J. de Boissieu.

Ein fast vollständiges, kostbares Exemplar in schönen alten Abdrücken auf Lyoner Papier.

827. St. Hieronymus. gr. fol. Rigal 2.
828. Die Väter der Einöde. gr. fol. R. 3.
829. Pius VII. segnet die Kinder. fol. R. 4.
830. Pius VII. auf der Saone. qu. fol. R. 5.
831. Die Mönche im Chor. qu. fol. R. 6.
832. Der öffentliche Schreiber. qu. fol. R. 8.
833. Die grossen Weinküfer. qu. fol. R. 9.
834. Die Kugelspieler. qu. fol. R. 10.
835. Die Eremitage. qu. fol. R. 11.
836. Die Meierei mit der kleinen Familie. qu. fol. R. 12
837. Das Innere der Meierei. qu. fol. R. 13.
838. Die grosse Schule. qu. fol. R. 14.
839. Die Schmiede. qu. fol. R. 15. I. Abdruck vor der Adresse von Frauenholz und der gestochenen Unterschrift. Etwas fleckig.
840. Das alte Almosen bittende Paar. qu. fol. R. 16.
841. Der alte Bettler, oder le vieux Girard. fol. R. 17.
842. Der Schulmeister. 4. R. 18.
843. Die mit dem Hund spielenden Kinder. 4. R. 19.
844. Der Botaniker. 4. R. 20.
845. Das Dorffest. qu. fol. R. 21.
846. Die kleinen Charlatans. qu. fol. R. 22.
847. Die kleinen Weinküfer. qu. 4. R. 23.
848. Die Seifenblasen machenden Knaben. gr. qu. fol. R. 25.
849. Der Maler einen Greis malend. qu. fol. R. 26.
850. Zwei Knaben mit Lämmer bei einem alten Hautboisten. qu. fol. R. 27.
851. Der Sibyllentempel zu Tivoli. qu. fol. R. 30. I. Abdruck vor der gestochenen Schrift und der Adresse.
852. Die Fähre auf dem Garigliano bei Rom. qu. fol. R. 31.
853. Ruinen des Sonnentempels des Titus. qu. fol. R. 32.
854. Ansicht von Aquapendente. qu. fol. R. 33. Seltener I. Abdruck mit der unvollendeten Ecke.
855. Dasselbe. Ebenso.
856. Der Tempel der Vesta. qu. fol. R. 34.
857. Das Grabmal der Cäcilia Metella. qu. fol. R. 35.

858. Ansicht der Brücke Lucano bei Tivoli. qu. fol. R. 36. Seltener I. Abdruck vor dem Stern.
859. Ansicht der Insel Barbe in der Saone. qu. fol. R. 37. I. Abdruck vor der gestochenen Unterschrift und vor der Adresse.
860. Die zu Feld ziehende Heerde, oder die Ansicht von Arbrêsle. qu. fol. R. 40.
861a. Ansicht von St. Andéole mit Betsäule und Figuren. qu. fol. R. 41.
861b. Die Landschaft mit dem Angler. qu. 4. R. 42. Etwas fleckig.
862. 2 Bl. Ansichten des Champ Verd bei Lyon, und des Schlosses Madrid bei Paris. qu. fol. R. 43. 44. Vor der Adresse des Artaria. 1 Bl. verschnitten.
863. 6 Bl. Ansichten bei Fontainebleau. 4. qu. 4. R. 45—50. I. Abdrücke mit defecten Einfassungslinien.
864. 2 Bl. von denselben. II. Abdrücke.
865. Die Holzfäller. gr. qu. fol. R. 55. Vorzüglicher Abdruck.
866. Die aus dem Wald herkommende Hirtenfamilie, oder die grossen Kühe. gr. qu. fol. R. 56.
867. Der Thurm des Metellus. qu. fol. R. 57.
868. Die steinerne Brücke. qu. fol. R. 58.
869. Die Gebäude auf dem felsigen Flussufer. qu. fol. R. 61.
870. Der Wasserfall. qu. fol. R. 62. I. Abdruck vor der gestochenen Unterschrift und vor der Adresse von Frauenholz.
871. Kanallandschaft mit lesendem und zeichnendem Mann. qu. fol. R. 63.
872. Flusslandschaft mit alten Tempelruinen. qu. fol. R. 64.
873. Der Wasserfall bei der Brücke. qu. fol. R. 65.
874. Die Herberge in alten Gebäuden. qu. fol. R. 67. I. Abdruck vor der Adresse des Frauenholz und der gestochenen Unterschrift.
875. Der Kahn mit den Baumästen. qu. fol. R. 68. Ebenso.
876. Altes Boot auf der Werft zu Savigny. qu. fol. R. 69.
877. Gebirgige Landschaft mit ziehender Heerde. qu. fol. R. 70.
878. Der erste Eingang zum Walde. qu. fol. R. 71. Seltener I. Abdruck vor Ausfüllung der rechten untern Ecke.
879. Der zweite Eingang zum Walde. qu. fol. R. 72. Ebenso.

880. 2 Bl. Winter- und Frühlingslandschaft. fol. R. 73. 74.
881. 2 Bl. Landschaft mit einer Hürde und mit einem Fluss, durch welchen ein Bursche zwei Kühe treibt. qu. 4. R. 75. 76.
882. Der Esel und das Füllen. qu. fol. R. 77.
883. Landschaftsstudium mit dem Jäger. qu. fol. R. 78.
884. Seehafen mit alten Gebäuden. qu. fol. R. 80.
885. Die Mühle am Fusse der Felsen. qu. fol. R. 81.
8 6. 2 Bl. Die kleinen Wäscherinnen, und Landschaft mit antiken Ruinen. qu. 4. R. 82. 83.
887. Die Magd des Boissieu. fol. R. 102. Später Abdruck.
888. Der kahlköpfige Greis. fol. R. 103.
889. Alter Mann nach links blickend. fol. R. 105.
890. Alte, niederwärtsblickende Frau. fol. R. 106.
891. Vier Köpfe und Halbfiguren, mit dem betenden Greis. fol. R. 107.
892. Drei männliche Köpfe und Köpfe einer Ziege und eines Widders. qu. fol. R. 108.
893. Sieben Köpfe. fol. R. 109.
894. Sieben Köpfe, mit dem Lautenspieler. fol. R. 110.
895. Acht Köpfe. fol. R. 111.
896. Zwölf Köpfe und Brustbilder, mit dem Barbier. fol. R. 112.
897. Portrait eines Mannes. A. van Dyck p. fol. R. 126.
898. Halbfigur eines Mannes mit Halskrause. D. Teniers p. fol. R. 127.
899. 2 Bl. Die grossen waldigen Flusslandschaften, nach J. Wynants und J. Ruysdael. gr. qu. fol. R. 129. 134.
900. Dieselben. Verschnitten und beschädigt.
901. Die Heerde im Fluss. N. Berghem p. qu. fol. R. 131.
902. Kleine gebirgige Landschaft mit einer durch's Wasser ziehenden Heerde. Idem inv. qu. 4. R. 132.
903. Der Deichdurchbruch. A. Cracsbeck p. gr. qu. fol. R. 133.
904. Die Mühle mit dem verfallenen Haus. J. Ruysdael p. qu. fol. R. 135.
905. Die sogenannte Mühle des Ruysdael. qu. fol. R. 136. Bis nahe dem Stichrand beschnitten.
906. Das Kornfeld. J. Ruysdael p. qu. fol. R. 137. Schöner und seltener I. Abdruck vor dem Stern.
907. Der Hirt und der Stier im Fluss. Idem del. qu. 4. R. 138. I. Abdruck mit defecter Randlinie.

908. Die Ruhe der Schnitter. A. van de Velde p. qu. fol. R. 139.
909. Die grossen Charlatans. C. Du Jardin p. qu. fol. R. 140.
910. Der auf der Flöte spielende Ziegenhirt. Claude Lorrain p. qu. fol. R. 142.

C. Le Brun.
911. 4 Bl. Die Tageszeiten. qu. fol. R.-D. 4—7. I. Abdrücke mit Ciartre's Adresse.

J. Bruandet.
912. 4 Bl. Kleine Landschaften mit Wald und Hirten. qu. 8. Selten.

J. Callot.
913. 14 Bl. Das Leben der heil. Jungfrau. 8. Meaume 76—89. Alte Abdrücke.
914. 16 Bl. Martyrium Apostolorum. 8. M. 120—135. Gute III. Abdrücke mit Israel's Adresse.
915. Die Versuchung des heil. Antonius. gr. qu. fol. M. 139. Guter späterer Abdruck.
916. 6 Bl. aus der Folge der kleinen Misères de la Guerre. qu. 8. M. 557—562. Nebst dem Titel in Copie.
917. 18 Bl. Die grossen Misères de la Guerre. gr. qu. 4. M. 564—581. Gute Abdrücke.
918. Der Pistolenschuss. qu. 8. M. 596. Gegenseitige Copie.
919. Louis de Lorraine, Prinz von Pfalzburg. qu. fol. M. 508. Selten. Oben scharf beschnitten.
920. Ansicht des Louvre. qu. fol. M. 713. Schöner II. Abdruck vor der Adresse.
921. Der ländliche Ball. qu. fol. M. 623. Ebenso.
922. 2 Bl. Hinrichtungen, und Christus unter der Last des Kreuzes erliegend; letzteres aus der grossen Passion. qu.- fol. M. 665. Aufgezogen.

F. Casanova.
923. Le Diner du Peintre Casanova. qu. 4. Prosp. de Baud. 6.

S. le Clerc.
924. 2 Bl. Puer parvulos minabit eos. Weissagung auf Christus. qu. fol. Nebst Copie von G. Stein.

D. Colandon.
925. Ruhe auf der Flucht in Egypten. qu. 8. R.-D. 1. II. Abdruck mit Robert's Adresse. Selten.

J. Courtois (Bourguignon).
926. 4 Bl. Die Reiterkämpfe. qu. fol. R.-D. 9—12. II. Abdrücke mit Billy's Adresse. Selten.

Französische Schule. A. Aeltere Meister.

A. Coypel.
927. Democrit. 4. R.-D. 12.
P. und P. J. Drevet.
928. Adrienne Le Couvreur. Halbfigur mit der Aschenurne. C. Coypel p. fol. Schöner Abdruck.
929. René François de Beauvau. Kniestück mit Buch. H. Rigaud p. gr. fol. Ebenso.
930. Guilleaume Cardinal Dubois. Kniestück. Idem p. gr. fol. Ebenso.
931. Jac. Benignus Bossuet. Ganze Figur. Idem p. gr. fol. Guter und seltener Abdruck, mit drei Punkten hinter dem Namen des Malers.
G. Edelinck.
932. St. Ludwig in Gebet. C. Le Brun p. gr. fol. R.-D. 28. Schöner Abdruck.
933. Mart. Desjardins, Bildhauer. H. Rigaud p. gr. fol. R.-D. 182. Schöner und seltener II. Abdruck vor der Adresse.
934. H. Rigaud, Maler. Se ipse p. fol. R.-D. 303. Schöner Abdruck.
935. P. de Montarsis, Kunstliebhaber. A. Coypel p. fol. R.-D. 277. Sehr schöner Abdruck.
936. F. Leonard, Buchdrucker. H. Rigaud p. fol. R.-D. 242. Ebenso. Ohne Plattenrand.
937. Ch. M. le Tellier, Erzbischof. P. Mignard p. fol. R.-D. 245. Ebenso.
938. Ferdinand, Bischof von Paderborn. C. Le Brun inv. fol. R.-D. 203. Ebenso. Aufgezogen.
939. F. Tortebat, Maler. M. de Piles p. fol. R.-D. 328. Schöner Abdruck.
940. F. Mansart, Architekt. L. de Namur p. 4. R.-D. 266. Guter Abdruck. Aufgezogen.
R. la Fage.
941. 2 Bl. Bacchanliten. qu. 4. R.-D. 7. 8. Spätere Abdrücke.
G. Focus.
942. 2 Bl. aus der Folge der italienischen Landschaften. qu. fol. R.-D. 3. 5. Selten.
S. le Gros (Dilettant).
943. 13 Bl. Suite de douze petits Sujets de Paysage. qu. 8. 12.
L. de la Hyre.
944. Die heilige Familie. Das Jesuskind zertritt den Kopf

der Schlange. qu. fol. R.-D. 4. Guter II. Abdruck mit der Adresse.

J. J. Lagrenée.
945. Das Opfer des Gideon. qu. 8. P. de B. 4. Seltener I. Abdruck.
946. St. Hieronymus. qu. 4. P. de B. 17.
947. Die drei theologischen Tugenden. 8. P. de B. 19. Selten.

Claude Lorrain.
948. Die Flucht in Egypten. qu. 8. R.-D. 1. Alter und seltener II. Abdruck.
949. Der Tanz am Fluss. qu. 4. R.-D. 6. Alter Abdruck mit der Nummer. Etwas fleckig.
950. Der Schiffbruch. qu. 4. R.-D. 7. Guter älterer Abdruck ohne die Nummer.
951. Der Kuhhirt. qu. 4. R.-D. 8. Späterer Abdruck nach der Nummer.
952. Der Tanz unter den Bäumen. qu. 4. R.-D. 10. Guter älterer Abdruck mit der Nummer.
953. Der Hafen mit dem Leuchtthurm. qu. 4. R.-D. 11. Späterer Abdruck mit der Nummer.
954. Die untergehende Sonne. qu. 4. R.-D. 15. Späterer Abdruck nach der Nummer.
955. Die ziehende Heerde. qu. fol. R.-D. 18. Späterer Abdruck.

P. J. Loutherburg.
956. 2 Bl. Tranquillité champêtre, und La bonne petite Sueur. fol. P. de B. 19. 20. Vor aller Adresse.

A. Manglard.
957. Ansicht des Vesuv. qu. fol. R.-D. 4. Guter späterer Abdruck.
958. Der Gewittersturm. qu. fol. R.-D. 5. Ebenso.
959. Die Fischer. qu. fol. R.-D. 16. Ebenso.

F. J. de la Mare-Richard.
960. 2 Bl. Köpfe eines alten Mannes und einer alten Frau. 8. R.-D. 8. 17.

A. de Marcenay de Ghuy.
961. Portrait von Rembrandt. Se ipse p. 4.

A. Masson.
962. Marin Cureau. P. Mignard p. fol. R.-D. 24. Schöner III. Abdruck. Ohne Plattenrand und mit einem Fleck.

963. C. Patin. fol. R.-D. 60. Schöner Abdruck mit der Schriftplatte.

H. Mauperche.
964. Johannes predigt in der Wüste. qu. fol. R.-D. 24. Alter Abdruck.
965. Die Brücke unter dem grossen Wege. qu. fol. R.-D. 46. II. R.-D. fehlender Abdruck mit Gallays etc.

P. Mignard.
966. St. Scholastica. Die einzige Radirung des Meisters. fol. R.-D. 1.

M. Platte-Montagne.
967. 3 Bl. Landschaften mit Staffage und Schiffbruch. kl. qu. fol. R.-D. 21—23. Spätere Abdrücke.
968. Die Winterlandschaft. J. Fouquier p. qu. fol. R.-D. 25. Schöner I. Abdruck.
969. Mann und Frau auf der Reise. qu. 4. R.-D. App. 4. II. retouchirter Abdruck.

J. Morin.
970. St. Carl Borromäus. fol. R.-D. 46. Schöner Abdruck.
971. Die Schnitter. J. Fouquier p. qu. fol. R.-D. 107. Schöner alter Abdruck.
972. Die Bäuerin in Marsch. Idem p. qu. fol. R.-D. 105. Schöner Abdruck. Wenig fleckig.
973. Die Vögeljagd. Idem p. qu. fol. R.-D. 103. Ebenso.
974. Theophile Brachet de la Milletiere. Ph. de Champagne p. fol. R.-D. 48. Alter Abdruck.
975. Jean Franc. de Conti. Idem p. fol. R.-D. 54. Ebenso.

R. Nanteuil.
977. Bochart de Saron. fol. R.-D. 42. Am Stichrand beschnitten.
978. Jacq. de Castelnau. kl. fol. R.-D. 58. Unten über den Stichrand beschnitten.
979. Nic. Fouquet. fol. R.-D. 98. Schöner Abdruck. Scharf beschnitten.
980. Michel le Masle. fol. R.-D. 126. Schöner I. Abdruck vor Veränderung der Jahreszahl.
981. Henri Auguste de Toménie de Brienne. fol. R.-D. 148. Schöner und seltener I. Abdruck. Ohne Plattenrand.

982. Marie Jeanne Baptiste, Herzogin von Savoyen. L. du Sour p. fol. R.-D. 169. Sehr schöner und seltener I. Abdruck.
983. Mich. de Marolles. 8. R.-D. 171. Schöner Abdruck. Wegen Risse im Schriftrand aufgezogen.
984. Egid Menagius. 4. R.-D. 188. Schöner I. Abdruck.
985. Chr. Maur. le Tellier. fol. R.-D. 138. Guter Abdruck. Der Rand angesetzt.
986. Franc. de Nemont, Bischof. fol. R.-D. 202. Schöner II. Abdruck vor Veränderung der Jahreszahl.
987. Ferd. de Neufville. Ph. de Champagne p. fol. R.-D. 203. Schöner II. Abdruck mit der Jahreszahl 1657. Ohne Plattenrand.
988. Derselbe anders. fol. R.-D. 204.
989. Denis Talon. fol. R.-D. 228. Schöner Abdruck. Ohne Plattenrand und mit kleinen Rissen in der Bordüre.

J. B. Norblin.
990. Alexander und Diogenes. fol. Auf Chines. Papier.

J. B. Oudry.
991. 4 Bl. Die Folge der Jagdstücke. fol. R.-D. 1—4. Schöne Abdrücke mit Huquier's Adresse.

J. Parrocel.
992. Das Bivouac. qu. 8. R.-D. 86.

N. Perelle.
993. Baumreiche Landschaft mit Tempelruine. qu. fol.

N. Perignon.
994. 12 Bl. Landschaften aus verschiedenen Folgen. qu. 4.

C. Poussin.
995. Die runde Landschaft mit den drei Bäumen. 4. R.-D. 1. Selten. Verschnitten.
996. Die runde Landschaft mit zwei Figuren am Wasser. 4. R.-D. 2. Ebenso.

J. B. le Prince.
997. 2 Bl. Le Marchand de Poulettes. Le Marchande de Pain. 4.

H. Robert.
998. 10 Bl. Les Soirées de Rome. 8. Pr. de B. 1—10.

J. L. Roullet.
999. Maria mit dem Kinde. H. Carracci p. fol. Ohne Plattenrand.

1000. Die Grablegung Christi, genannt das fünf Schmerzensblatt. Idem p. qu. roy. fol. Brüchig und fleckig.

P. Subleyras.
1001 Die eherne Schlange. qu. fol. R.-D. 2.

E. le Sueur.
1002. Die heilige Familie. qu. 4. R.-D. 1. Selten.

B. Neuere Meister.

V. Adam.
1003. 4 Bl. Hunde und Pferde, 2 Darstellungen auf jedem Blatt. Originallithographien. fol.

Bacler d'Albe.
1004. 12 Bl. Scenen aus der Geschichte, Sage und Mythologie, in Landschaften. Originallithographien. 4. qu. 4.

E. St. A. Blery.
Ein reiches Werk in schönen Abdrücken auf Chines. Papier.
1005. 8 Bl. Folge von waldigen und bergigen Landschaften, zum Theil mit Hütten und Figuren. qu. 8.
1006. 2 Bl. Kräuterstudien. qu. fol.
1007. 5 Bl. Paysages à l'Eau forte par Eug. Blery. 1846. fol. qu. fol.
1008. Moulin de Montreux. qu. fol.
1009. 4 Bl. Sites pittoresques. Gegenden aus Auvergne und der Dauphiné. qu. fol. Epreuves d'Artiste.
1010. 6 Bl. Landschaftliche und malerische Ansichten aus der Dauphiné und andern Gegenden Frankreichs. fol. qu. fol.
1011. 8 Bl. Wald- und Parkpartien aus Versailles. 4. qu 4.
1012. 4 Bl. Waldige Partien, zum Theil mit Bauernhütten. qu. 4. 8.
1013. 3 Bl. Baumstudien. gr. fol. Vor dem Namen.
1014. Die Landschaft mit der Hütte am Wasser. gr. qu. fol.
1015 Ansicht der Brücke zu Doricu. gr. qu. fol. Vor der Schrift.
1016. Der Wasserfall. gr. fol.
1017. Landschaft aus der Dauphiné. gr. qu. fol. Vor der Schrift.
1018. 4 Bl. Die grossen Kräuterstudien. gr. qu. fol.

C. Bodmer.
1019. 12 Bl. Eaux-Fortes. Animaux et Paysages. 4. qu. 4. 8. qu. 8. Auf Chines. Papier.

Michel Bouquet.
1020. 12 Bl. Album Valaque. 1843. Vues et Costumes pittoresques de la Valachie. Paris 1843. Lithographien von Bouquet selbst, Cicéri und Ferigo. In Tondruck. fol. qu. fol.

A. Calame.
1021. 36 Bl. Die fast vollständige Folge der Essais de Gravure à l'eau forte. Landschaften aus der Schweiz und Italien. Verschiedenes Format.
1022. 24 Bl. Croquis de Paysages. Landschaftstudien. Originallithographien. fol. qu. fol. Halbfranzband.
1023. 24 Bl. Cours complet d'Etudes progressives pour le Paysage par A. Calame. Originallithographien. fol. qu. fol. In Umschlag.
1024. 30 Bl. Vues du Mont-Rose et de la Vallée de Viège dessinées d'après nature et lithographiés par A. Calame. fol. qu. fol. Zum Theil auf Chines. Papier. In Umschlag.
1025. 25 Bl. Les Ombrages par A. Calame. Landschaften und Landschaftsstudien aus der Schweiz. Originallithographien meist in Tondruck. fol. qu. fol. gr. fol. gr. qu. fol.

N. Chapuy.
1026. 4 Bl. Schweizeransichten, lithographirt von A. Cuvillier. Colorirt. fol. qu. fol.

N. Charlet.
1027. 5 Bl. Figurenstudien. Köpfe, ganze Figuren und Genrebilder. 4. qu. fol. Auf Chines. Papier.
1028. 26 Bl. Croquis lithographiques par Charlet. Humoristische Genrebilder und Soldatenscenen. 4. qu. 4. fol. qu. fol. Pappband.
1029. 18 Bl. von denselben. 2 Hefte.
1030. 18 Bl. Album lithographique par Charlet. Aehnliche Darstellungen. 8. qu. 8. 4. qu. fol.
1031. 4 Bl. Schlacht und Lagerscenen. Lithographien. fol. qu. fol.

A. Colin?
1032. 3 Bl. Architekturen. Lithographien. qu. 4.

C. Daubigny.
1033. 2 Bl. Landschaft mit Hirschen am See, und Landschaft im Sturm. qu. fol.

1034. 2 Bl. Aufgehender Mond, und beladener Heukarren. qu. 8. Dabei 1 Bl. von Dubourcq.

Ch. Damour.
1035. 5 Bl. Scenen aus dem Italienischen Volksleben. De Chacaton p. fol. qu. fol.

A. B. Decamps.
1036. Italienische Herberge mit ruhenden Maulthieren. qu. 4. Auf Chines. Papier, wie die Folgenden.
1037. Ruhender Wanderer. 8. Selten.
1038. Afrikanische Landschaft mit ziehenden Reitern. qu. fol.

J. L. Demarne.
1039. 38 Bl. Eaux-Fortes par Demarne. Landschaften, Thiere, Hirtenstücke und Genrebilder. Verschiedenes Format.

D. V. Denon.
1040. 2 Bl. Vision einer ruhenden Frau, und eine Bäuerin in ihrem Zimmer. 4.

E. Dessain.
1041. 4 Bl. Thiere in Landschaften, und Stadtansicht. qu. fol. Auf Chines. Papier.

A. de Dreux.
1042. 4 Bl. Reiter und Jagdscenen. Originallithographien. qu. fol. gr. qu. fol. Fleckig.

A. Duclaux.
1043. Kühe auf der Weide mit zwei sich stossenden Stieren. qu. fol. Auf Chines. Papier, wie die Folgenden.
1044. 2 Bl. Kühe im Fluss, und ein durch den Fluss reitender Hirt. qu. fol.
1045. 3 Bl. Ziegen und Kühe auf der Weide. qu. 4.

A. Durand und Chapuy.
1046. 9 Bl. Ansichten aus Hamburg, Venedig, Beauvais und andern Orten. Lithographien in Tondruck. fol. qu. fol.

Ferogio.
1047. 7 Bl. aus der Folge: Projets de Tableaux de Figures et Paysages par Ferogio. Originallithographien in Tondruck. fol. qu. fol.

J. S. Th. A. Gericault.
1048. 6 Bl. Pferde- und Reiterstücke. Lithographien. qu. fol. Ohne Rand und aufgezogen.

F. Grenier.
1049. Derniers Jours de Bonheur. Der Herzog von Orleans mit Familie. Originallithographie in Tondruck. gr. fol.

1050. 2 Bl. Volkstrachten aus einer Folge. Farbige Lithographien. fol.

F. M. Granet (Nach ihm).

1051. Interieur eines alten Gebäudes mit einem Ritter und Gastwirth. fol. Selten.

H. Grevedon.

1052. 5 Bl. Portraits und Frauenköpfe, dabei König Stanislaus August. Lithographien. fol. Ohne Rand und fleckig.

Th. Gudin.

1053. 6 Bl. Marinen und Landschaften. 1828. qu. 4.

1054. 6 Bl. Aehnliche Darstellungen. Originallithographien. qu. fol. qu. 4. Ohne Rand und aufgezogen.

E. Hedouin.

1055. Spanische Landschaft mit Reisenden nach A. Leleux. 4. Auf Chines. Papier.

S. Himely.

1056. 5 Bl. Landschaften mit Staffage. Hubert del. Aquatinta. qu. fol. Ohne Plattenrand und aufgezogen.

Hubert.

1057. 14 Bl. Un Portefeuille d'Artiste par Hubert. Landschaften und Architekturen. Lithographien in Tondruck. fol. qu. fol.

P. Huet.

1058. 4 Bl. Landschaftliche Radirungen. Wald- und Flusspartien. qu. fol. Auf Chines. Papier.

Ch. Jacque.

1059. 31 Bl. Radirungen, Landschaften, Thiere, Scenen aus dem Volksleben etc. qu. fol. 4. qu. 4. 8. qu. 8. 1 Bl. doppelt. Auf Chines. Papier.

J. P. M. Jazet.

1060. Louis Philipp I., Roi des Français, zu Pferd mit Gefolge. Gosse p. Aquatinta. roy. fol. Brüchig und ohne Plattenrand und aufgezogen.

T. Johannot.

1061. 10 Bl. Radirungen zu Werther's Leiden u. A. 8. Auf Chines. Papier und vor der Schrift.

E. Isabey.

1062. 2 Bl. Angelnde Kinder auf einer Brücke, und eine Dame in der Thür eines Hauses. Lithographien von Francois und Mouilleron. fol. qu. fol.

1063. Fischerboot am Strand. Originallithographie. qu. 4.

Französische Schule. B. Neuere Meister.

B. C. Koekkoek (Holländer).

1064. 5 Bl. Landschaften, Strand mit Schiffen und Divertissement auf dem Eis. Originallithographien. qu. 4. Scharf beschnitten und aufgezogen.

S. Laroche.

1065. 2 Bl. Kleine Landschaften, die eine aus den Pyrenäen. Rund 4. qu. 8. Auf Chines. Papier.

L. Leroy.

1066. 2 Bl. Landschaft mit Sturm, und Canalansicht mit Gebäuden. qu. 4. qu. 8. Auf Chines. Papier.
1067. Cascade de la Vernière. Mont d'Or. gr. qu. fol. Ebenso.
1068. Intérieur de Forêt dans le Morvan. fol. Ebenso.

Ch. Malardot.

1069. Waldlandschaft mit zwei Angler. gr. fol.
1070. 2 Bl. Landschaft mit angelnden Kindern, Landschaft mit wandernden Landleuten. fol. Auf Chines. Papier.

L. Marvy.

1071. 2 Bl. Waldpartie, und Landschaft mit Windmühle. 4. Auf Chines. Papier.

J. A. Meissonier.

1072. Ein rauchender Herr, an einem Tische sitzend. 8. Auf Chines. Papier. Sehr selten.

C. Mozin.

1073. 7 Bl. Landschaften und Strandscenen aus der Normandie. Orig.-Lithographien in Tondruck. gr. qu. fol.

L. Noel.

1074. Louis Philippe Albert d'Orleans, Comte de Paris, als Kind. F. Winterhalter p. Lithographie auf Chines. Papier. gr. fol. Im Rand staubig.

C. Pannier.

1075. Portrait von Velasquez. Sandoz del. 4. Vor der Schrift und mit der Stempelnummer 95 und auf Chines. Papier.

F. Perrot.

1076. 18 Bl. Marinen und Strandansichten. Orig.-Lithographien. qu. fol. Einige Blätter fleckig.

T. Valerio.

1077. 5 Bl. Costümfiguren und häusliche Scenen aus Ungarn und der Walachei. fol. 4.

1078. 12 Bl. Croquis lithographiques. Costümfiguren und Landschaften aus Tirol, Istrien, Italien etc. Originallithographien in Ton- und Farbendruck. fol. qu. fol.

Convolute.

1079. 24 Bl. Lithographien, Genrescenen, Landschaften etc., nach Ph. Wouwerman, C. Du Jardin, D. Teniers u. A. Aus früher Zeit der Lithographie. qu. fol.
1080. 38 Bl. Lithographien, Kupferstiche, Radirungen. Von Verschiedenen.

Englische Schule.

R. Earlom.
1081. 67 Bl. aus dem Liber Veritatis des Claude Lorrain. Aquatinta. fol. qu. fol. Alte schöne Abdrücke.

Newton Fielding.
1082. 6 Bl. Verschiedene Thiere in Landschaften: Rehe, Hirsch, Fuchs, Hühnerhund, Enten und Hühner. qu. 8. Auf Chines Papier.

S. Howitt.
1083. Stadtstrasse mit Viehmarkt. qu. fol.

J. Johnson.
1084. Ein von Hunden angefallener Wolf. F. Desportes p. qu. fol. Ohne Plattenrand.

F. C. Lewis.
1085. 6 Bl. Englische Landschaftsbilder, und Ruinen von Schlössern. Radirt und Aquatinta qu. fol.

J. Martin.
1086. Landschaft mit Prachtgebäuden an einem Fluss. qu. fol. Auf Chines. Papier.

J. Smith.
1087. 2 Bl. Kleine Flusslandschaften mit Bäumen, und Bauernhütten. G. Smith p 4. Fleckig und ohne Plattenrand.

D. Wilkie.
1088. Der Mann im Schlafrock vor dem Schreibtische, wie es scheint nach Geld suchend, um einen Arbeiter zu bezahlen. qu. 4. Auf Chines. Papier.

Handzeichnungen.

A. Adam.
1089. 6 Bl. Pferdestudien zu Hohenheim, Plieningen und Degerloch gezeichnet. Feder. qu. 8.

C. le Brun.
1090. Herkules fährt im Triumphwagen zum Olymp empor. Kreide und farbige Tusche. fol.

J. C. Erhard.
1091. Der Fürsten Brunn. Landschaft aus dem Salzburgischen. Bleistift und farbige Tusche auf grauem Papier. Mit dem Namen. fol. Schöne Skizze.
1092. Landschaft mit Wasserfall. Ebenso. qu. fol. Skizze.
1093. Ansicht der Festung Salzburg. Bleistift. Mit dem Namen. qu. fol.
1094. Kirchhof bei Salzburg. Bleistift. Mit dem Namen. qu. fol.
1095. Der hohe Göll im Salzburgischen. Bleistift und Weiss gehöht auf grauem Papier. Mit dem Namen. qu. 4.
1096. Skizze mit zwei ruhenden Landleuten und einem Holz spaltenden Mann. Bleistift und Feder. qu. 4.

C. Ezdorf.
1097. 2 Bl. Waldige Landschaften mit ruhendem Jäger und mit Reisenden. Bleistift. Mit dem Namen. 4. Uebergittert.
1098. Wasserfall mit Hütte. Kreide und Tusche. Mit dem Namen. qu. fol.

J. Faber (von Hamburg).
1099. 4 Bl. Kleine römische Landschaften. Bleistift. Mit dem Namen. qu. 4.

Hubert.
1100. Wasserfall zwischen Felsen. 1838. Aquarelle. fol.
1101. Dorfstrasse mit alten Gebäuden 1836. Ebenso. fol.

J. A. Klein.
1102. Donaugegend mit einem Frachtwagen. Bleistift und Tusche auf blauem Papier. qu. fol.

F. Kobell.
1103. Landschaft mit rundem Thurm in Gebüsch. Tusche. qu. 8.

A. Lapito.
1104. Landschaft mit weiter Ferne und Wirthshaus rechts auf der Höhe. Aquarelle. gr. qu. fol.

1105. Landschaft mit Mühle im Vordergrunde. Aquarelle. gr. qu. fol.

C. Pierron.

1106. Seeküste mit einem Fels zur Linken. Aquarelle. qu. fol.

C. Poussin.

1107. Landschaft mit Badenden und einem Schloss im Hintergrund auf der Höhe. Kreide auf grauem Papier. qu. fol. Etwas beschädigt.

H. Reinhold.

1108. Gebirgsgegend mit einer Baumgruppe im Mittelgrund. Kreide und Weiss gehöht auf blauem Papier. Mit dem Namen. qu. 4.

Tarites?

1109. 7 Bl. Schweizer Ansichten. Bleistift und Kreide. qu. 8.

Unbekannt.

1110. 2 Ansichten aus Hamburg. Feder und farbige Tusche. In Thöming's Manier. qu. fol.
1111. Winterlandschaft mit Jägern am Walde. Feder und farbige Tusche. qu. fol.
1112. Alte Hütte bei einer Baumgruppe Vorn Wasser. Sepia. In Hubert's Manier. qu. fol.
1113. 2 Bl. Waldpartien bei Hamburg: Hammerbrock und die Aumühle. Kreide, Bleistift und Tusche auf grauem Papier. gr. qu. fol.

Convolut.

1114. 10 Bl. Diverse Handzeichnungen und Oelskizzen.

Photographien.

1115. 14 Bl. Das Leiden Christi. Sculpturen eines Stationsweges nach einem modernen Meister. 4.
1116. Vase mit Blumen, nach einem Gemälde. gr. qu. fol.
1117. 2 Bl. Reiches Portal eines französischen Domes. gr. qu. fol.
1118. 12 Bl. Thiere nach A. Schleich'schen Rauchbildern. qu. fol.
1119. 9 Bl. Ansichten aus der Schweiz und andern Gegenden. gr. fol. gr. qu. fol.
1120. 2 Bl. Pavillon de l'Horloge au Louvre, Hotel de Ville de Paris. fol. qu. fol.

Kupferstiche, Radirungen etc.

1121. 2 Bl. Détail de la Façade du Palais de la Justice de Rouen, Eglise de St. Pierre à Louviers. fol. qu. fol.
1122. 7 Bl. Ansichten aus Paris, Aegypten, Syrien etc. qu. fol.
1123. 4 Bl. Ansichten aus Nürnberg und Bernburg. fol. 4. 8.
1124. 7 Bl. Schweizer-Ansichten. 4. qu. 4.
1125. 4 Bl. Ansichten von Schanzen zu Düppel nach ihrer Einnahme durch die Preussen. qu. fol.

1126 Eine Partie Untersatzbogen und Papiere.

1127. Eine Anzahl kleiner und grösserer Mappen ohne Leinwandrücken mit Leinwandeinschlagen.
(Die zu dieser Sammlung gehörigen Bildwerke siehe am Schluss.)

Kupferstiche, Radirungen etc.
S. Amsler.
1128. Die Grablegung Christi. Raphael p. gr. fol. Mit der Adresse und dem Stempel des Meisters.
J. J. Avril.
1129. Alexandre I. Empereur de toutes les Russies à son et Avénement au Thron. Allegorie. F. de Meys p. qu. roy. fol. Im Rande brüchig.
W. Baillie.
1130. Scene in einem Wirthshaus. J. M. Molenaer p. Schwarzkunst. fol. Schöner Abdruck.
1131. Der Federschneider. G. Dow p. Schwarzkunst. fol.
P. de Balliu.
1132. Christus an der Martersäule. Engel halten die Marterwerkzeuge. J. Thomas inv. fol.
J. Ph. le Bas.
1133. Vue d'Italie. J. Vernet p. qu. fol.
1134. Les Oeuvres de Misericorde. D. Teniers p. gr. qu. fol. Fleckig und Risse unterlegt.
1135. Embarquement des Vivres. N. Berghem p. gr. qu. fol. Brüchig.
F. Basan.
1136. Le Chanteur gothique. A. Both p. fol.
J. F. Bause.
1137. Die Macht der väterlichen Liebe (Seleukos und Stra-

tonike). B. Rode p. qu. fol. Keil 16. Seltener
l. Abdruck vor aller Schrift. Etwas fleckig.

J. F. Beauvarlet.

1138. Triumph de Mardochée. F. de Troy p. qu. roy.
fol. Schöner Abdruck aber brüchig, rissig und
scharf beschnitten.

D. Berger.

1139. 2 Bl. Friedrich II. vor der Liegnitzer Schlacht, und
derselbe in Lissa nach der Schlacht bei Leuthen. Schubert del. fol. Gewaschen und 1 Bl. ohne Plattenrand.

F. Berger.

1140. Maria mit dem Jesuskinde. L. da Vinci p. fol.
1141. Die Räuberbraut. L. Robert p. fol.
1142. Tobias und der Engel. C. Begas p. Preussisches
Kunstvereinsblatt. fol.
1143. 2 Bl. Frau von Malzahn, und Frau von Perponcher
in orientalischer Tracht. W. Hensel del. fol. Doppelt vor und mit der Schrift.

C. Bervic.

1144. 2 Bl. Chiron und Achilles, Nessus und Dejanira. N.
Regnault und G. Reni p. gr. fol. Schöne und
seltene Abdrücke vor der Schrift.

E. Bernhardt.

1145. Friedrich Carl, Prinz von Preussen, bei Erstürmung
der Düppeler Schanzen 1864. Lithographie. gr. fol.

J. H. Klees.

1146. Landschaft mit Mühle. M. Hobbema p. Radirt.
gr. qu. fol. Schöner Abdruck vor aller Schrift
auf Chines. Papier.
1147. Waldiges und felsiges Flussthal mit einem Kuhhirt.
J. B. Klombeck p. Radirt. gr. qu. fol. Ebenso.

J. J. de Boissieu.

1148. Die grosse Landschaft nach J. Wynants p. Radirt.
gr. qu. fol. Schöner Abdruck.

J. Brunn.

1149. Der Münster zu Strassburg. gr. fol. Verschnitten
und aufgezogen.

J. Burnet.

1150. Christmas Eve Alte und junge Frau Karten spielend.
fol. Auf Chines. Papier.

W. Byrne.
1151. Evening. Landschaft. Claude Lorrain p. gr. qu. fol. Grau.

J. Canale.
1152. 2 Bl. Köpfe des St. Paulus und Petrus. fol.

A. Cardon.
1153. The Ganimede of Rembrandt. Punktirt. gr. fol. Im Rand brüchig.

J. Caspar.
1154. Tizian's Tochter. Tizian p. fol. I. Abdruck mit Nadelschrift.

L. A. Claessens.
1155. Portrait de Rembrandt. Se ipse p. Radirt. 4.

L. Clasen.
1156. Germania auf der Wacht am Rhein. E. Kühnel lithogr. gr. fol. Auf Chines. Papier.
1157. Germania auf dem Meere. Idem lithogr. gr. fol. Ebenso.

D. Cunego.
1158. Ganymed vom Adler geraubt. Tizian p. 4.
1159. Das Jüngste Gericht. Michel Angelo p. In Umrissen. fol. Aus der Folge.

F. Dinger.
1160. Cromwell am Krankenbette seiner Tochter. J. Schrader p. qu. fol. Schöner Abdruck.

R. Earlom.
1161. 2 Bl. Schaalen mit Früchten. J. Zoffani p. 1772. Schwarzkunst. qu. fol. Ohne andere als alte handschriftliche Bezeichnung, aber anscheinlich echt und wie es scheint aus früher Zeit des Künstlers. Sehr selten und nirgends beschrieben.

E. Eichens.
1162. Raphael, als betender Knabe in einer Landschaft. G. Santi p. fol.

H. Eichens.
1163. Junges Mädchen in einer ovalen Fensteröffnung sitzend. Hellwig p. Mezzotinto. fol. Vor der Schrift und auf Chines. Papier.

M. G. Eichler.
1164. Vue du Bain de Cerebrensky et de ses Environs à Moscou; mit vielen badenden Frauen. G. de la Barthe p. qu. roy. fol.

J. C. Erhard.
1165. 7 Bl. Russisches Miltair und Kosacken. Radirt. 8. qu. 4. 1 Bl. doppelt.

J. Felsing.
1166. Engel tragen die heilige Katharina durch die Lüfte. II. Mücke p. qu. fol. Schöner Abdruck vor der Schrift, nur mit gerissenen Künstlernamen und auf Chines. Papier.
1167. Die Poesie. Ch. Köhler p. Düsseldorfer Kunstvereinsblatt. fol. Schöner Abdruck vor der Schrift. Fleckig.

Leop. Flameng.
1168. 2 Bl. La Source und l'Angélique, Quellnymphe und Andromeda am Felsen. J. A. D. Ingres p. 4. Schöne Abdrücke auf Chines. Papier.

J. J. Flipart.
1169. Bad des Jesuskindes. C. Hutin p. fol.

J. Frey.
1170. 2 Bl. La Chapelle gothique dans l'Arcache près de Nieborow, La tour de Radzicowice. S. Vogel del. Radirt. qu. fol.

J. Geiger.
1171. Dido. H. Füger p. Schwarzkunst. gr. qu. fol.

C. Geoffroy.
1172. 2 Bl. Pepita, Madeleine, lesendes und trinkendes junges Mädchen. Ch. Moreau p. fol. Schöne Abdrücke auf Chines. Papier.

W. F. Gmelin.
1173. 2 Bl. Halle im obern und Aussicht im untern Stocke der Villa des Mäcen zu Tivoli. gr. qu. fol. Alte Abdrücke.

J. C. B. Gottschick.
1174. Die heilige Cäcilia. G. Reni p. fol. Brüchig.

A. Haldenwang.
1175. Der Schiffbruch. J. Vernet p. Aquatinta. gr. qu. fol. Zwei Risse unterlegt und etwas fleckig.

J. Heath.
1176. The dead Soldier. J. Wright p. gr. qu. fol. Schöner Abdruck. Unten ohne Plattenrand und ein kleiner Riss unterlegt.

A. Hoffmann.
1177. Madonna mit zwei Heiligen. Raphael p. fol. Schö-

ner Abdruck vor der Schrift nur mit den Künstlernamen und auf Chines. Papier.
1178. Die Wiedererkennung Joseph's. P. v. Cornelius del. qu. fol. Schöner Abdruck auf Chines. Papier.

F. Holl.
1179. 2 Bl. Saturday Morning, und Saturday Night. Kirchgang und Belustigung im Freien. J. Absolon p. Schmal qu. fol.

W. Hollar.
1180. 2 Bl. Der Mohrenkopf. 8. Parthey 2003. Selten. Nebst Copie.
1181. Mutter Hanne. 8. P. 1552. Aufgezogen.
1182. 3 Bl. Carrikirte Köpfe nach L. da Vinci. 8. P. 1576. 1578. 1582. Aufgezogen.

Th. Hosemann.
1183. Drei herumziehende Musikanten. Preussisches Kunstvereinsblatt. Radirt. qu. fol. Brüchig.

F. Hubert.
1184. Hony soit qui mal y pense. Junges Mädchen mit dem Buch l'art d'aimer in der Hand. fol.

J. M. Jazet.
1185. Napoleon au Mont Saint Bernard. Aquatinta. gr. fol.

J. Keller.
1186. Roland befreit die Prinzessin von Galizien aus der Räuberhöhle. J. Hübner p. Düsseldorfer Kunstvereinsblatt. gr. qu. fol. Fleckig und ohne Plattenrand.

A. Kessler und Bährenstecher.
1187. Begräbniss des Generals Fraser. J. Graham p. qu. fol.

J. W. Kielisinski.
1188. 163 Bl. Das radirte Werk dieses Krakauer Malers. Portraits, Köpfe, Figuren und Scenen aus dem Volksleben, Landschaften, Prospecte. In verschiedenem kleinen Format. In Kapsel.

O. Knigge.
1189. Die Opfergabe. Kinder werfen Geld in den Opferstock einer Kirche. F. Boser p. Mezzotinto. gr. fol.

P. G. Langlois.
1190. L'Éducation badine. Bauer mit Hund. G. Schalken p. fol.

A. Leroy.
1191. St. Cäcilia. Raphael p. Punktirt. fol. Wasserfleckig.
O. Lioni.
1192. 2 Bl. Portrait des Meisters, und des G. Baglioni. Oval 4. B. 1. 8.
A. Louis.
1193. 2 Bl. Mignon regrettant la Patrie. Mignon aspirant au Ciel. A. Scheffer p. fol. Schöne Abdrücke.
G. Lüderitz.
1194. Das trauernde Königspaar nach Uhland. C. F. Lessing p. Preussisches Kunstvereinsblatt. gr. fol. Ohne Plattenrand.
1195. Mädchen mit Blumenstrauss und Lamm. J. Becker p. Mezzotinto. fol. Vor der Schrift.
1196. Das Antlitz des Heilandes auf dem Schweisstuch der heil. Veronica. A. Correggio p. Mezzotinto. gr. qu. fol. Schöner Abdruck.

L. Lukomsky (geschickter Kupferstecher in Posen).
1197. 4 Bl. Illustrationen zum Gedicht: Pani Twardowska. Ballada Adama Mickiewicza. Posnan 1864. A. Zaleski del. 4. Auf Chines. Papier. Nebst dem Gedicht.
1198. Brustbild eines betenden Knaben. Rund fol. Schöner Abdruck vor der Schrift und auf Chines. Papier.
1199. 2 Bl. Maur. Mochnacki, Ign. Pradzynski. Brustbilder. 4. Auf Chines. Papier.
1200. Portrait Friedrich des Grossen nach Pesne. Oval 4. Vor aller Schrift.
1201. 23 Bl. Illustrationen zum Gedicht: Crazyna von A. Mickiewicz und andern Gedichten. A. Zaleski del. fol. 4. Auf Chines. Papier.

P. J. Lutherburg (nach ihm).
1202. 8 Bl. Études de Soldats 1764. fol. Ohne Plattenrand.
J. M.
1203. Brustbild eines Mannes in Rembrandt's Geschmack. Radirt. 8.
G. Malbeste.
1204. Der Engel verschwindet vor der Familie des Tobias.

Rembrandt p. Radirt. fol. Vor der Schrift und auf Chines. Papier.

E. Mandel.

1205. Elisabeth, Königin von Preussen. J. Stieler p. fol. Matt.
1206. Kinder mit Blumen spielend. E. Magnus p. Preussisches Kunstvereinsblatt. fol.
1207. Der Schutzengel. Sanctus — Dominus Deus est. A. Henning p. Preussisches Kunstvereinsblatt. fol.

A. Marcenay de Ghuy.

1208. La Fleuriste. G. Dow p. Radirt. fol.

C. Maringe.

1209. L'Aiguiseur des Flêches. Zwei Amoretten schleifen einen Pfeil. F. Albano p. Farbig punktirt. gr. qu. fol. Ohne Plattenrand und etwas fliegenfleckig.

A. Martinet.

1210. Le Sommeil de Jésus. Raphael p. fol. Später Abdruck.

Mauduison.

1211. Christus erliegt unter der Last des Kreuzes, oder lo Spasimo di Sicilia. Raphael p. gr. fol. Ohne Plattenrand.

J. Mechau.

1212. Susanna im Bade. F. A. Oeser inv. Radirt. 4.

J. M. Mettenleiter.

1213. 2 Bl. Landschaften, nach Ferd. Kobell. Radirt. qu. 4. Selten.

C. Metzmacher.

1214. 2 Bl. Napoleon III., und Kaiserin Eugenie. Kniestücke. 4. Auf Chines. Papier.

F. E. Meyerheim.

1215. Altenburger im Korn. Preussisches Kunstvereinsblatt. Radirt. qu. fol.

Moreau.

1216. 3 Bl. Ansichten des Hospiz auf St. Bernhard und des Dorfes S. Remi, während des Ueberganges der Franzosen. Müller del. Nebst Winterlandschaft mit Hütte von Aubertin gestochen. Aquatinta in Farben. gr. qu. fol.

A. Morghen.

1217. St. Joseph mit dem Kinde. G. Reni p. Unter

R. Morghen's Leitung gestochen. 4. Vor der Schrift. Unten ohne Plattenrand.

J. Nawhens.

1218. Il ne pleut plus. Kinder unter Aehrengarben hervorkommend. F. Verheyden p. gr. fol.

J. van Nypoort.

1219. 4 Bl. Intérieur mit Bauern, der Kurzwaarenhändler, tanzende und zechende Bauern. Dieselben Darstellungen, welche auch durch Scheit's Radirungen bekannt sind. qu. fol. Selten.

A. van Ostade.

1220. Der Angler. qu. 4. B. 26. Schöner Abdruck.
1221. 2 Bl. Der Raucher und Trinker, und die drei Figuren im Gespräch. 8. B. 24. 28.

P. Parboni.

1222. 2 Bl. Landschaften mit mythologischer Staffage: Mercur und Argus. S. Rosa p. gr. qu. fol.

S. Paul.

1223. Die badenden Mädchen. J. Vernet p. Schwarzkunst. gr. qu. fol. Fleckig.

A. H. Payne.

1224. Friedrich der Grosse nach der Schlacht bei Collin. J. Schrader p. roy. fol.

W. Pether.

1225. Die Judenbraut. Rembrandt p. Schwarzkunst. fol. Schöner und seltener Abdruck vor aller Schrift.

B. Picart.

1226. Neu eröffneter Musen-Tempel aus den Fabeln der Alten in LX schönen Kupfern, nebst einer Vorrede von C. G. Stockmann. Amsterdam 1754. fol. Lederband.

J. Richter.

1227. 2 Bl. Vasen mit Blumenbouquets. J. van Huysum p. Schwarzkunst. fol.

B. Piringer.

1228. 12 Bl. Suite de Paysages d'après les Desseins de Dietrici dans la Collection du Prince Albert de Saxe-Teschen. Aquatinta. qu. fol.

A. Pound.

1229. Venus mit dem Lautenspieler. Tizian p. gr. qu. fol. Im Rand schmutzig und berieben.

J. G. Prestel.
1230. 2 Bl. Landschaft im Charakter des Rheins, und gebirgige Landschaft. F. Schütz und Fr. Kobell del. fol. gr. qu. fol.

J. B. le Prince.
1231. 5 Bl. Russische Trachten aus der Folge. Radirt. qu. fol.

J. L. Raab.
1232. Fr. Schiller. Kniestück. F. Pecht del. 4. Ohne Plattenrand.

A. Radl.
1233. Alte Schlossruine mit grossen Thürmen. Aquatinta. qu. roy. fol.

T. Raggio.
1234. Der herumwandernde Geiger. C. W. E. Dietrich p. 4.

A. Raimbach.
1235. The errand Boy. D. Wilkie p. gr. qu. fol. Schöner Abdruck.

J. Rigaud.
1236. Les Promenades du Palais des Tuileries. Radirt. qu. fol.

Rembrandt.
1237. Das grosse Ecce homo. gr. fol. B. 77. Sehr schöner alter Abdruck dieses Hauptblattes.
1238. Der Mann mit den Händen auf dem Rücken. 8. B. 135.
1239. Rembrandt mit der Federmütze. 8. B. 23. Verkleinerte Copie.

R. Reyher.
1240. Blücher, ganze Figur, eine Pfeife rauchend. 4. Auf Chines. Papier.

E. Rousselet.
1241. 9 Bl. Sibyllen. C. Vignon inv. fol.

G. Ph. Rugendas.
1242. 6 Bl. Kriegs- und Soldatenscenen. Schwarzkunst. gr. qu. fol. Brüchig.

H. T. Ryall.
1243. The Keepers Daughter. Junges Mädchen, Jagdhunde fütternd. W. P. Frith p. Mezzotinto. gr. fol.
1244. 12 Bl. Pferde nach ihren verschiedenen Arten und Bestimmungen, nach einem modernen englischen Künstler. Radirt und Mezzotinto. qu. fol. Schöne Folge in schönen Abdrücken vor aller Schrift und

auf Chines. Papier. (Wahrscheinlich von demselben.)

H. Sagert.
1245. Abendgebet der Kinder vor dem Schlafengehen. J. G. Meyer p. Mezzotinto. fol. Vor der Schrift und auf Chines. Papier.
1246. Das artige Kind. Kind mit Klapperbüchse im Kinderstuhl. Idem p. Mezzotinto. fol. Schöner Abdruck vor aller Schrift.

E. E. Schüffer.
1247. Genoveva. E. Steinbrück p. Düsseldorfer Kunstvereinsblatt. fol. Auf Chines. Papier. Ohne Plattenrand.

G. F. Schmidt.
1248. Bärtiger alter Mann mit runder Mütze. Radirt. 4. Jacoby 115.

J. Schmutzer.
1249. St. Sebastian von zwei Frauen gesalbt. P. da Cortona p. fol. Selten. Scharf beschnitten und aufgezogen.

A. Schrödter.
1250. Wandernde Musikanten im Sturm. Radirt. qu. fol. Auf Chines. Papier.

C. G. Schulze.
1251. Die Kinder bei dem Kessel bei Kerzenlicht. G. Schalken p. 4. Vor der Schrift und auf Chines. Papier.

C. Schut.
1252. 3 Bl. Heilige Darstellungen. fol. gr. fol. gr. qu. fol. Aufgezogen und beschädigt.

J. H. Sherwin.
1253. The Death of Lord Robert Manners. T. Stothard p. gr. qu. fol. Ohne Plattenrand.

M. Steinla.
1254. Madonna mit der heil. Katharina und Johannes dem Täufer. J. Palma vecchio p. qu. fol. Schöner Abdruck aus dem 2. Hundert.

J. Steinmüller.
1255. Die Madonna im Grünen. Raphael p. gr. fol. Schöner Abdruck.

E. Stölzel.
1256. Coronatio S. S. Virginis. Raphael p. gr. fol. Neuer Abdruck.

J. Tcheski.
1257. Vue de la Cascade près Chalés dans le Jardin de la Ville de Pawlovski. S. Chedrine p. qu. fol.

A. Teichel.
1258. Die Procidanerin. L. Robert p. Preussisches Kunstvereinsblatt. fol.
1259. Harzerin. E. Meyerheim p. Ebenso. fol.

D. Teniers.
1260. 2 Bl. Trinkender Bauer, und ein Pflaster von der Hand abreissender Bauer. Radirt. 8. Beschädigt.

J. C. Thevenin.
1261. Suzanne au Bain. A. Correggio p. qu. fol. Schöner Abdruck.

J. G. van Vliet.
1262. Der Mathematiker. 4. B. 50. Sehr schöner Abdruck vor der Adresse.
1263. Der klagende Mann. Rembrandt inv. 4. B. 22. Ebenso.
1264. Der Greis mit weissem Bart. Idem inv. 4. B. 23. Sehr schöner Abdruck.

D. Weiss.
1265. Salvator Mundi. Kopf des Heilandes. II. Carracci p. Punktirt. gr. fol. Fleckig und brüchig.

J. G. Wille.
1266. 2 Bl. L'Observateur distrait, und Le petit Physicien. F. Micris und C. Netscher p. fol. Gute Abdrücke. Ohne Plattenrand.

M. Willmann.
1267. Der schlafende Greis mit gefalteten Händen. Radirt. 8.

J. B. Winckler.
1268. 4 Bl. Holländische Bauernscenen. D. Teniers p. qu. fol.

W. Witthöft.
1269. Der Weihnachtsabend. M. Müller p. Mezzotinto. gr. fol. Auf Chines. Papier. Im breiten Rande etwas brüchig.
1270. Die Blüthe Griechenlands. C. F. Schinkel p. Preussisches Kunstvereinsblatt. qu. roy. fol.

W. Woollett.
1271. The Spanish Pointer. G. Stubbs p. gr. qu. fol. Aufgezogen und fleckig.

1272. Jacob and Laban. Claude Lorrain p. qu. roy. fol. Schöner Abdruck. Ohne Plattenrand und aufgezogen.
1273. Phaeton. R. Wilson p. gr. qu. fol. An der Platte verschnitten.
1274. Shooting Plate IV. (Hasenjagd). G. Stubbs p. qu. fol. Schöner Abdruck, mit der Adresse Fleetstreet.
1275. Ceyx and Alcyone. R. Wilson p. gr. qu. fol. Schöner I. Abdruck, mit Greenstreet.

A. Zingg.

1276. Partie aus der sächsischen Schweiz bei Lohmen. J. G. Wagner p. qu. fol.

Convolut.

1277. 290 Bl. Kupferstiche und Radirungen, dabei gute Blätter, aber späte Abdrücke, oder schlecht gehalten.

Photographien.

1278. Das Chocoladenmädchen, nach Liotard. Hanfstängl phot. gr. fol.
1279. Königin Louise in der Bauernhütte. J. Heydeck p. H. Prothmann phot. fol.
1280. Portrait König Wilhelm's I. von Preussen. J. Albert phot. Oval fol.
1281. Posen vom Rochus-Fort aus gesehen. qu. fol.

Kupferstiche.

S. à Bolswert.

1282. Jupiter bei der Satyrfamilie. J. Jordaens inv. qu.fol. Basan 20. Schöner I. Abdruck vor der Adresse und Nummer. Selten.

A. Bosse.

1283. Allegorie auf S. Franciscus de Paula. F. G. Duplessis Nr. 185.*) Schöner I. Abdruck vor der Veränderung der Schrift etc. Sehr selten.

J. Callot.

1284. Die heil. Familie, genannt: le Benedicite. Rund 4. Meaume 65. Die Adresse zugelegt.

---

*) Catalogue de l'Oeuvre de Abraham Bosse, par Georges Duplessis. Paris 1859.

1285. Die Marter des heil. Sebastian. qu. fol. M. 137.
Ein Hauptblatt in schönem und seltenem I.
Abdruck vor der Adresse. Einige Risse unterlegt.

J. Collaert.
1286. Mars im Schoosse der Venus. J. Stradanus inv. fol.

M. Dorigny.
1287. 5 Bl. Mythologische und andere Darstellungen. S.
Vouet p. Radirt. fol. R.-D. 73. 86. 88. 89. 91.

A. Dürer.
1288. Die Wirkung der Eifersucht oder das Bacchanal. fol.
B. 73. Leidlicher Abdruck, der Rand unterlegt.
1289. Der Bauer und sein Weib. 8. B. 83. Schöner
Abdruck. Verschnitten.
1290. Dürer-Album, herausgegeben von W. v. Kaulbach
und A. Kreling. 42 Bl. lithogr. Copieen der grossen
Passion, Apokalypse, Leben der Jungfrau etc. Nürnberg, Zeiser. gr. fol.

F. Forster.
1291a. Alex. von Humboldt. Brustbild. E. Steuben p. 4.
Guter Abdruck, mit dem Namen des franz. Druckers.
Etwas gebräunt.

J. Falck.
1291b. Madonna mit dem Kinde und St. Anna. A. del
Sarto oder G. Romano p. Cabinet de Reynst. fol.
Schöner Abdruck ohne alle Schrift. Ein Riss
zugelegt.

C. Galle d. J.
1292. Maria Austriaca Ferdinandi III. Uxor. A. v. Dyck p.
fol. Szwykowski 134. I. Abdruck mit der Adresse.

H. Goltzius.
1293. Die Beschneidung in Dürer's Manier, aus der Folge
der Meisterstücke. gr. fol. B. 18. Schöner Abdruck. Bis zum Stichrand beschnitten.

W. Hollar.
1294. Die Kreuzabnehmung, oder die Pieta. H. Holbein
inv. 4. Parthey 109. Alter schöner Abdruck,
wie die Folgenden.
1295. Christus als Weltheiland mit der Kugel und segnend.
L. da Vinci p. fol. P. 217. Selten.
1296. Das antike Opfer. A. Mantegna inv. 4. P. 465.
1297. Der todte Hase. fol. P. 2058. Seltenes Hauptblatt in vorzüglichem Abdruck.

1298. Portrait von Maria Stuart, Gräfin von Portland etc. A. van Dyck p. fol. P. 1484. I. Abdruck mit der Adresse.
1299. Der Strassburger Münster mit reicher Staffage. fol. P. 892. Schöne Copie, wo nicht eine Wiederholung des Meisters.

H. Hondius.

1300. Eulenspiegel. Schöne Copie nach L. van Leyden's berühmtem Blatt. 4.

B. Kilian.

1301. 2 Bl. Portraits der Landgrafen Ludwig VI. und VII. von Hessen. J. G. Wagner p. fol.

J. Marinus.

1302. Die Anbetung der Hirten. J. Jordaens p. fol. Basan 3. Guter Abdruck vor der Nr. 4, aber das cum privilegio zugelegt.
1303. Der Wundarzt. A. Brouwer p. fol. II. Abdruck mit Bonenfant's Adresse.

W. Sharp.

1304. Richard III. Act 5, Scene 3 aus Shakespeare. J. Opie p. fol.

L. Sichling etc.

1305. 2 Bl. Portrait von Hegel und Fichte. Sebbers und Büry p., Sichling und Schultheis sc. 4.

P. Soutman.

1306. Weihung eines Bischofs. P. P. Rubens inv. Radirt. fol. Basan 47. Schöner I. Abdruck vor Soutman's Namen.

G. Spagnoletto.

1307. Der kleine St. Hieronymus. Radirt. fol. B. 4. II Abdruck mit der Adresse, welche im dritten Abdruck ausgethan worden ist.

J. Suyderhoef.

1308. Die Gevatterinnen, auch genannt die Parzen. A. van Ostade p. fol. Wussin 120. Schöner und seltener III. Abdruck vor der Ausfüllung der Ecken und mit Visscher's Adresse.
1309. Der Geiger, genannt Jan de Muff. Idem p. fol. W. 121. Schöner und seltener III. Abdruck mit Visscher's Adresse.

M. VVtenbrouck.
1310. Die Schäfer in Arkadien. Radirt. 4. B. 45. Schöner und seltener I. Abdruck vor der Schrift.

F. Villamena.
1311. 20 Bl. Die complete Folge der biblischen Darstellungen nach Raphael. Rom 1626. qu. fol. Alte Abdrücke. In Pergament gebunden.

J. Wierx.
1312. Portrait von Margarethe von Valois, erste Gemahlin Heinrich's IV. von Frankreich. Brustbild in reichstem Costüm. Qui voit ce beau portrait etc. 1600. fol. Schöner Abdruck dieses sehr seltenen Blattes.

Convolut.
1313. 11 Bl. diverse Kupferstiche in verschiedenem Format.

Bildwerke.
Meist Prachtwerke mit malerischen Lithographien, in schönen Einbänden.

1314. Scènes de la Vie des Peintres de l'École Flamande et Hollandaise par Madou. Bruxelles 1839. 2 Lieferungen mit 8 Lithographien. gr. fol.
1315. De Hollandsche Schilderschool. Teekeningen en Schetsen van de beroemdste Schilders van Nederland, door hun zelven op Steen geteekend, uitgegeven door C. W. Mieling in S' Gravenhage. 20 Bl. qu. fol.
1316. Habitations des Personnages les plus célèbres de France dépuis 1790 jusqu'à nos jours, dessinées d'après nature par Aug. Regnier et lithographiées par Champin. 100 Bl. qu. fol. Halbfranzband.
1317a. b. L'Écosse pittoresque ou Suite de Vues, par T. Allom, W. H. Bartlett et M. H. Culloch. Le Texte par W. Beattie. 2 Theile mit vielen Stahlstichen. London 1838. 4. Leinwandband mit Goldschnitt.
1318a. b. Tombleson's Vues du Rhin, edited par W. G. Fearnside. 2 Theile. London 1832. Mit vielen Stahlstichen. 8. Halbfranzband.
1319. Views in the Tyrol from Drawings by T. Allom.

With Descriptions by a Companion of Hofer. London.
16 Hefte mit Stahlstichen. 8.
1320a.b. Lettres sur la Suisse par MM. H. Sazerac,
Raoul-Rochette et Engelmann, accompagnées
de Vues dessinées d'après Nature et lithographiées
par M. Villeneuve. 5 Parties. fol. Paris 1823.
1826. 2 Halbfranzbände.
1321. Antiquités de l'Alsace par M. de Golbéry et J. G.
Schweighaeuser. Paris 1828. 2 Parties. Mit Lithographien. fol. Halbfranzband.
1322. T. S. Boys's picturesque Architecture in Paris, Gent, Antwerpen, Rouen etc. Lithographien in Farbendruck. gr. fol. Rother Leder- und Seidenband mit Goldverzierung.
1323. Architecture of the Middle Ages drawn from Nature and on Stone by Jos. Nash. London 1828. gr. fol. Halbfranzband.
1324a—c. The Mansions of England in the Olden Time by Jos. Nash. 3 Theile. Lithographien. gr. fol. Halblederbände.
1325. Dandiran, Vues de la Suisse et Savoie. 22 Bl. Lithographien. gr. qu. fol. Halbfranzband.
1326. Sketches in France, Switzerland and Italy by Sam. Prout. 25 Bl. Lithographien. gr. fol. gr. qu. fol. Halblederband.
1327. Jacottet, Vues choisies des Pyrenées et de l'Isere. 43 Bl. Lithographien. fol. qu. fol. Halbfranzband.
1328. Westmoreland, Cumberland, Durham, Northumberland, illustrated by Th. Allom, with Description by Th. Rose. London 1844. Mit vielen Stahlstichen. 4. Halblederband.
1329. Views of the Ruins in the Vicinity of Bristol, lithographed by Louis Haghe. Bristol 1841. 13 Bl. fol. qu. fol. In Mappe.
1330. Choix de Paysages par Raymond, Villeneuve, Coignet. 49 Bl. Lithographien. qu. fol. qu. 4. Halbfranzband.
1331. Hubert, Études progressives à l'usage des Élèves Paysagistes. 40 Bl. Lithographien. Paris. fol. qu. fol. Halbfranzband.
1332. Études de Paysage de B. C. Koekkoek. 22 Bl. Lithographien. fol. qu. fol. Halbfranzband.

1333. Sujets choisies de Grenier. Genrebilder und Militairscenen. 35 Bl. Lithographien. 4. qu. 4. Halbfranzband.
1334. Le Valais. Beschreibung von Wallis mit 17 colorirten Kupferstichen von Falkeisen, Salathé u. A., nach Zeichnungen von Lory. 4. Halbfranzband.
1335. Album lithographique, 1826 à 1830. Genrestücke und Landschaften von und nach Thomas, J. F. Robert, Pingret, Girardet-Trioson, Arnaut u. A. 60 Bl. 4. qu. 4. Halbfranzband.
1336. Elementary Art, or the Use of the lead Pencil advocated and explained by J. D. Harding. Mit Lithographien. London 1838. fol. Gepresster Leinwandband.
1337. Intérieurs et Extérieurs par Bouton, Boys, Prout u. A. 37 Bl. Lithographien. fol. qu. fol. 4. qu. 4. Halbfranzband.
1338. Études choisies d'Animaux par Cooper, Gericault, C. Vernet etc. etc. 55 Bl. Lithographien. qu. fol. qu. 4. Halbfranzband.
1339. Sketches on the Moselle, the Rhine and the Meuse by Clarkson Stanfield. London 1838. Lithographien. gr. fol. gr. qu. fol. London 1838. Halblederband.
1340. Harding's Sketches at Rome and abroad. Lithographien in Tondruck. gr. fol. gr. qu. fol. London. Halblederband. Einige Blätter wasserfleckig.
1341. Galerie Méridionale. Monuments et Paysages, Portraits historiques et Costumes. Lithographie Charavel à Marseille. 25 Bl. qu. fol. Halbfranzband.
1342. Les Rives de la Loire, dessinées et lithographiées par Deroy en 50 Vues. Paris 1836. qu. fol. Halbfranzband.
1343. Sketches in Belgium and Germany by Louis Haghe. London 1840. Lithographien in Tondruck. gr. fol. Halblederband.
1344. Groups of Cattle drawn from Nature by T. S. Cooper. London 1839. Lithographien in Tondruck. gr. fol. Leinwandband.
1345. Views in Scotland drawn from Nature by F. Nicholson, described by Sir Walter Scott. London 1828. Mit 20 Lithographien. qu. fol. Halblederband.

1346. Hubert, Cours de Paysage à l'Aquarelle. 20 farbige Lithographien. fol. qu. fol. Halbfranzband.
1347. Grandes Paysages par Deroy, Brascassat u. A. 24 Bl. Lithographien. fol. qu. fol. Halblederband.
1348. F. Villeneuve, Grandes Études de Paysages. 48 Bl. Lithographien. fol. qu. fol. Halbfranzband.
1349. Trois grands Cours de Paysage par Jacottet, Ciceri et Kockkock. 79 Bl. Lithographien. fol. qu. fol. Halbfranzband.
1350. Vues pittoresques de la Cathédrale de Paris et Détails rémarquables de ce Monument, dessinées, lithographiées et publiées par Chapuy, avec un Texte par F. T. de Jolimont. Paris 1823. gr. 4. Halbfranzband.
1351. Voyage dans la Russie méridionale et la Crimée par la Hongrie, la Valachie et la Moldavie, exécuté en 1837. 31 Lithographien von Raffet. fol. qu. fol. Defect.
1352. Sujets choisies de L. Robert, Roqueplan, Madou, Charlet etc. etc. 36 Bl. Originallithographien, zum Theil auf Chines. Papier. Dabei die zwei schönen und seltenen Blätter von Leop. Robert: Neapolitanischer Fischer die Laute spielend, und Neapolitanerin mit Kindern. qu. fol. 4. qu. 4. Halbfranzband.

ANZEIGEN.

Im Verlage von **Rudolph Weigel** in Leipzig erschien:

Die Werke der Maler in ihren Handzeichnungen. Beschreibendes Verzeichniss der in Kupfer gestochenen, lithographirten und photographirten Facsimiles von Originalzeichnungen grosser Meister. Gesammelt und herausgegeben von Rudolph Weigel. Lex.-8. 6 Thlr. 20 Ngr.

Die deutschen Maler-Radirer (Peintres-Graveurs) des neunzehnten Jahrhunderts nach ihren Leben und Werken. Bearbeitet von Dr. A. Andresen. I. Band, 1. Hälfte (enth. J. A. Koch, J. M. v. Wagner, Haach, F. Berthold, Dahl, Sprosse, Kobell, Heinel u. A.). gr. 8. 1$^{1}/_{3}$ Thlr.

Der deutsche Peintre-Graveur oder **die deutschen Maler als Kupferstecher** nach ihrem Leben und Werken, von der Mitte des 16. Jahrhunderts bis zum Schluss des 18. Jahrhunderts, und im Anschluss an Bartsch's Peintre-Graveur, an Robert-Dumesnil's und Prosper de Baudicour's Peintre-Graveur Français. Von Dr. A. Andresen, unter Mitwirkung von Rudolph Weigel. I. u. II. Band. gr. 8. à 3 Thlr.
<small>Der dritte Band befindet sich unter der Presse.</small>
Cornel Visscher. Verzeichniss seiner Kupferstiche. Bearbeitet von Joh. Wussin, I. Custos der k. k. Universitäts-Bibliothek in Wien. Nebst 2 Abbildungen und dem Portrait des Meisters. gr. 8. 3 Thlr.
Jan de Visscher und **Lambert Visscher.** Verzeichniss ihrer Kupferstiche. Beschrieben von J. E. Wessely. gr. 8. 1 Thlr.
Joh. Gotthard von Müller und **Joh. Friedr. Wilh. Müller.** Beschreibendes Verzeichniss ihrer Kupferstiche von Dr. A. Andresen. gr. 8. 16 Ngr.
Nicolaus Poussin. Verzeichniss der nach seinen Gemälden gefertigten, gleichzeitigen und späteren Kupferstiche. Beschrieben von Dr. A. Andresen. 126 Seiten. 1 Thlr.
Jonas Suyderhoef. Verzeichniss seiner Kupferstiche. Beschrieben von Joh. Wussin. 85 Seiten. 25 Ngr.
Dürer's Kunstlehre und sein Verhältniss zur Renaissance. Von Dr. Albert von Zahn. gr. 8. 1 Thlr.
Holbein's Madonna. Das Darmstädter Exemplar der Holbein'schen Madonna. Von Dr. A. v. Zahn. Mit 2 Photo-Lithographien. 8. 6 Ngr.
Cornelis Ploös van Amstel, Kunstliebhaber und Kupferstecher. Eine Studie von F. von Alten. gr. 8. 22½ Ngr.
Archiv für die zeichnenden Künste mit besonderer Beziehung auf Kupferstecher- und Holzschneidekunst und ihre Geschichte. Im Vereine mit Künstlern und Kunstfreunden herausgeg. von Dr. Naumann und R. Weigel. XII. Jahrgang. 1. u. 2. Heft. 1⅙ Thlr.
<small>Die obigen Hefte enthalten u. A.: Vorbesprechung über die Deutungsfrage der Holbein'schen Madonna, mit Rücksicht auf die Handzeichnung Nr. 65 des Baseler Museums etc., von Prof. G. Th. Fechner. Ausführliche Beschreibung aller auf dem Rath-Hauss in Nürnberg in denen Obern schönen Zimmern Befindlicher grosser und kleiner Gemählte. Mitgetheilt von Dr. A. Andresen. Ueber das Kupferstichwerk des Augustin Hirschvogel, nach Aufzeichnungen des verstorbenen J. A. Börner in Nürnberg.</small>

RUDOLPH WEIGEL'S KUNST-AUCTION IN LEIPZIG.

Versteigerungspreise
der
Consul Groux'schen Kunst-Auction
vom 2. Juli (1. October) 1866.

Wo unter den Limiten weggegangen, entsprachen die Blätter etc. nicht den Anforngen meiner Herren Comittenten. **Rudolph Weigel.**

Nummer	Rt	ngl	Nummer	Rt	ngl	Nummer	Rt	ngl	Nummer	Rt	ngl
1	1	—	35u.36	—	9	70	—	3	104	2	—
2	—	25	37	—	3	71	—	4	105	—	13
3	1	—	38	—	3	72	1	5	106	—	9
4	5	—	39	1	—	73	—	18	107	8	—
5	7	—	40	—	2	74	—	6	108	—	10
6	—	10	41	—	11	75	—	8	109	—	10
7	3	—	42	—	29	76	1	2	110	—	9
8	2	—	43	1	—	77	—	15	111	2	—
9	3	15	44	—	29	78	—	18	112	—	16
10	—	6	45	—	10	79	—	4	113	—	8
11	1	25	46	1	12	80	—	2	114	—	9
12	1	5	47	—	20	81	—	2	115	—	9
13	1	10	48	—	15	82	—	1	116	—	28
14	—	8	49	—	2	83	—	4	117	—	9
15	—	3	50	2	12	84	3	—	118	3	13
16	1	19	51	3	12	85	1	9	119	—	19
17	—	12	52	2	20	86	5	20	120	—	27
18	2	—	53	11	—	87	5	20	121	—	25
19	1	1	54	1	12	88	3	21	122	—	22
20	2	26	55	3	12	89	5	1	123	—	9
21	1	12	56	1	27	90	3	—	124	2	—
22	1	10	57	—	12	91	1	16	125	1	—
23	1	—	58	2	20	92	—	6	126	1	—
24	—	25	59	—	8	93	—	12	127	—	8
25	—	16	60	—	10	94	—	12	128		
26	—	1	61	—	—	95	—	26	129	—	18
27	1	12	62	—	2	96	—	4	130	—	4
28	—	27	63	—	2	97	2	20	131	—	12
29	—	4	64	—	—	98	—	10	132		
30	—	17	65	—	—	99	—	8	133	—	3
31	1	13	66	—	5	100	—	16	134	—	6
32	—	16	67	—	7	101	—	11	135	—	6
33	—	25	68	—	9	102	2	16	136	—	12
34	—	15	69	4	20	103	—	11	137	—	12

Nummer	ℛ	ℳ	Nummer	ℛ	ℳ	Nummer	ℛ	ℳ	Nummer
138	—	12	184	—	17	230	—	1	276
139	—	12	185	—	16	231	—	8	277
140	1	15	186	—	1	232	—	5	278
141	—	4	187	—	26	233	—	17	279
142	—	13	188	—	3	234	—	17	280
143	—	—	189	—	1	235	—	—	281
144	—	1	190	—	—	236	—	7	282
145	—	1	191	—	8	237	—	25	283
146	—	4	192	—	—	238	—	5	284
147	—	14	193	—	5	239	—	1	285
148	—	3	194	—	9	240	—	2	286
149	—	—	195	—	3	241	—	1	287
150	—	1	196	—	8	242	—	16	288
151	1	—	197	1	20	243	—	14	289
152	3	—	198	1	29	244	—	1	290
153	—	3	199	—	12	245	—	10	291
154	—	5	200	—	16	246	—	1	292
155	—	6	201	6	5	247	—	20	293
156	—	12	202	—	7	248	—	10	294
157	—	10	203	1	12	249	—	20	295
158	—	10	204	1	16	250	—	2	296
159	1	12	205	—	10	251	—	6	297
160	—	8	206	43	—	252	—	8	298
161	—	8	207	—	22	253	—	—	299
162	—	4	208	—	22	254	—	1	300
163	—	20	209	6	—	255	—	1	301
164	—	10	210	4	—	256	—	10	302
165	—	5	211	2	—	257	—	2	303
166	—	6	212	1	—	258	1	2	304
167	—	1	213	3	—	259	—	1	305
168	—	4	214	33	—	260	—	1	306
169	—	4	215	1	—	261	—	1	307
170	—	2	216	—	5	262	—	1	308
171	—	2	217	1	5	263	—	3	309
172	—	10	218	—	15	264	—	15	310
173	1	6	219	1	—	265	—	11	311
174	—	3	220	—	—	266	—	2	312
175	—	3	221	—	1	267	—	20	313
176	—	2	222	—	—	268	—	—	314
177	—	8	223	—	3	269	—	6	315
178	—	2	224	—	—	270	—	20	316
179	—	—	225	—	1	271	—	19	317
180	—	6	226	—	4	272	—	1	318
181	—	11	227	—	14	273	—	10	319
182	—	21	228	—	8	274	1	9	320
183	—	21	229	—	2	275	—	19	321

Nummer	ℛ	ℳ	Nummer	ℛ	ℳ	Nummer	ℛ	ℳ	Nummer	ℛ	ℳ
322	—	1	368	—	1	414	1	—	460	1	—
323	—	22	369	—	2	415	—	1	461	—	20
324	1	—	370	1	—	416	—	16	462	7	1
325	—	28	371	—	8	417	—	3	463	1	—
326	—	10	372	—	3	418	—	8	464	—	1
327	—	4	373	—	12	419	—	2	465	—	5
328	—	14	374	—	—	420	—	8	466	6	15
329	—	8	375	—	20	421	—	7	467	3	—
330	—	10	376	—	15	422	—	8	468a	2	1
331	—	1	377	—	—	423	—	25	468b	—	1
332	—	15	378	—	1	424	—	6	469	—	21
333	—	25	379	—	8	425	—	6	470	2	5
334	—	1	380	—	1	426	—	—	471	4	—
335	—	2	381	21	—	427	—	2	472	—	4
336	—	2	382	—	9	428	—	4	473	—	1
337	—	1	383	—	8	429	—	25	474	—	1
338	—	1	384	—	2	430	—	—	475	—	4
339	—	20	385	3	—	431	—	2	476	—	1
340	—	4	386	2	11	432	—	2	477	—	10
341	—	1	387	—	7	433	—	1	478	3	20
342	—	8	388	—	3	434	—	2	479	—	2
343	—	10	389	—	16	435	—	8	480	—	15
344	—	10	390	—	12	436	1	—	481	—	2
345	—	15	391	6	15	437	—	1	482	—	1
346	—	4	392	—	2	438	—	28	483	1	—
347	—	—	393	—	7	439	3	20	484	—	22
348	—	8	394	—	6	440	—	15	485	—	7
349	—	1	395	2	20	441	2	—	486	—	—
350	—	2	396	4	—	442	13	—	487	—	1
351	—	8	397	1	10	443	—	8	488	—	4
352	—	1	398	—	—	444	—	26	489	—	6
353	—	2	399	—	2	445	—	8	490	—	20
354	—	2	400	—	1	446	—	3	491	1	10
355	—	4	401	—	4	447	—	1	492	—	8
356	—	4	402	—	—	448	—	2	493	1	25
357	—	2	403	2	—	449	—	15	494	—	7
358	—	5	404	—	2	450	—	1	495	—	16
359	—	4	405	—	4	451	—	29	496	—	22
360	—	2	406	—	4	452	—	6	497	8	20
361	—	18	407	—	6	453	3	12	498	33	—
362	—	25	408	1	10	454	1	8	499	4	1
363	—	15	409	—	4	455	7	1	500	—	7
364	—	6	410	—	12	456	3	16	501	3	17
365	—	24	411	—	1	457	—	5	502	—	—
366	—	3	412	—	4	458	16	—	503	—	1
367	—	2	413	—	8	459	2	—	504	—	8

1*

Nummer	ℳ	₰	Nummer	ℳ	₰	Nummer	ℳ	₰	Nummer	ℳ	₰
505	—	18	551	—	8	597	—	8	643	—	24
506	1	20	552	1	—	598	—	3	644	1	8
507	—	16	553	—	—	599	—	4	645	7	—
508	—	2	554	—	5	600	5	1	646	6	—
509	—	8	555	—	2	601	3	12	647	69	1
510	—	1	556	—	4	602	1	—	648	—	18
511	—	4	557	—	4	603	40	15	649	—	5
512	1	—	558	—	4	604	5	—	650	3	11
513	—	9	559	—	4	605	1	20	651	—	15
514	—	1	560	—	4	606	4	11	652	—	13
515	—	1	561	1	12	607	—	25	653	—	5
516	—	6	562	—	4	608	5	—	654	15	—
517	—	8	563	—	2	609	1	—	655	1	20
518	—	4	564	—	4	610	—	14	656	1	10
519	—	4	565	—	9	611	—	14	657	16	—
520	2	26	566			612	—	4	658	1	12
521	—	1	567			613	—	21	659	1	15
522	—	1	568	—	12	614	1	—	660	—	25
523	1	29	569			615	—	9	661	4	12
524	—	12	570	—	8	616	—	7	662		
525	—	—	571			617	4	10	663	—	3
526	—	6	572	—	8	618	6	—	664		
527	—	—	573	—	29	619	1	—	665	7	—
528	—	8	574			620	9	1	666	1	9
529	—	—	575	—	8	621	—	2	667	2	12
530	—	19	576			622	—	3	668	—	18
531	1	—	577	—	20	623	—	17	669	2	10
532	10	—	578	—	6	624	4	9	670	—	18
533	3	6	579	—	16	625	—	16	671	7	—
534	—	2	580	6	—	626	—	18	672	6	1
535	—	4	581	—	25	627	1	9	673	6	—
536	2	16	582	17	—	628	1	—	674	6	—
537	1	8	583	5	—	629	—	2	675	6	—
538	—	6	584	—	16	630	—	16	676	3	2
539	3	15	585	—	8	631	4	23	677	—	—
540	—	—	586	—	1	632	1	—	678	3	—
541	—	3	587	—	20	633	—	4	679	—	3
542	—	1	588	1	—	634	7	1	680	1	2
543	—	18	589	—	7	635	—	3	681	—	15
544	—	2	590	—	16	636	5	21	682	5	—
545	—	2	591	1	18	637	7	1	683	—	13
546	—	4	592	6	—	638	8	1	684	9	1
547	26	1	593	1	21	639	1	26	685	—	10
548	—	1	594	—	20	640	5	1	686	3	6
549	—	8	595	2	—	641	4	—	687	2	—
550	—	—	596	2	15	642	7	1	688	—	16

Nummer	Rt	ngl	Nummer	Rt	ngl	Nummer	Rt	ngl	Nummer	Rt	ngl
689	—	18	735	—	1	780	—	25	826	—	1
690	2	28	736	—	1	781	3	—	827	3	20
691	6	20	737	—	6	782	—	6	828	3	11
692	8	—	738	—	15	783	1	10	829	2	—
693	1	5	739a	1	26	784	—	2	830	2	9
694	9	—	739b	2	10	785	—	4	831	3	5
695	10	1	740	1	12	786	—	4	832	1	9
696	4	—	741	2	—	787	—	28	833	3	8
697	17	—	742	—	6	788	—	5	834	2	8
698	17	—	743	—	6	789	—	20	835	2	12
699	5	1	744	2	—	790	1	8	836	1	1
700	10	—	745	—	6	791	—	16	837	1	5
701	18	—	746	—	14	792	—	7	838	6	—
702	14	1	747	—	8	793	1	29	839	1	8
703	5	—	748	—	14	794	—	4	840	2	15
704	18	—	749	—	8	795	1	—	841	2	16
705	6	—	750	—	5	796	—	4	842	—	20
706	11	—	751	—	10	797	3	—	843	1	8
707	5	—	752	—	2	798	1	21	844	5	—
708	15	—	753	4	16	799	—	6	845	2	5
709	17	—	754	—	20	800	—	20	846	1	16
710	7	1	755	1	10	801	1	20	847	1	16
711	2	1	756	—	15	802	6	—	848	5	12
712	25	—	757	1	15	803	—	2	849	2	—
713	1	6	758	—	22	804	—	4	850	3	—
714	9	15	759	—	8	805	—	5	851	2	—
715	1	3	760	—	8	806	1	28	852	2	10
716	—	1	761	—	12	807	—	2	853	—	20
717	3	—	762	1	12	808	—	11	854	2	9
718	—	17	763	—	20	809	—	16	855	1	10
719	2	15	764	—	8	810	1	5	856	2	—
720	1	—	765	—	10	811	—	6	857	2	—
721	—	1	766	—	6	812	—	12	858	3	—
722	—	1	767	1	10	813	—	16	859	1	10
723	12	—	768	—	6	814	—	10	860	2	6
724	—	16	769	—	2	815	1	—	861a	1	9
725	1	15	770	—	8	816	—	6	861b	1	13
726	2	—	771	—	8	817	—	2	862	2	—
727	2	—	772	—	6	818	—	10	863	10	—
728	1	—	773	—	2	819	—	2	864	—	11
729	—	8	774	1	10	820	—	5	865	5	1
730	—	8	775	1	10	821	—	2	866	5	12
731	—	10	776	1	5	822	—	8	867	1	8
732	—	16	777	—	2	823	1	—	868	3	28
733	—	8	778	—	6	824	3	15	869	3	29
734	—	12	779	—	2	825	—	—	870	2	15

Nummer	ℛℓ	ngl	Nummer	ℛℓ	ngl	Nummer	ℛℓ	ngl	Nummer	ℛℓ	ngl
871	3	10	917	4	—	963	—	24	1021	28	—
872	1	10	918	—	—	964	—	29	1022	4	17
873	1	21	919	—	7	965	—	16	1023	2	26
874	1	11	920	1	5	966	—	1	1024	12	1
875	—	10	921	5	—	967	—	3	1025	11	1
876	—	19	922	—	10	968	2	—	1026	—	4
877	1	15	923	—	16	969	—	1	1027	1	21
878	3	—	924	—	1	970	3	—	1028	2	—
879	2	10	925	—	20	971	2	5	1029	—	6
880	2	8	926	1	12	972	—	18	1030	—	6
881	3	7	927	—	—	973	—	18	1031	—	2
882	1	—	928	5	1	974	3	—	1032	—	6
883	—	29	929	2	16	975	4	1	1033	—	4
884	—	16	930	1	13	977	—	10	1034	—	1
885	1	10	931	6	10	978	—	4	1035	1	—
886	1	10	932	1	9	979	—	12	1036	1	—
887	—	8	933	2	16	980	—	29	1037	—	16
888	1	—	934	1	9	981	1	21	1038	1	4
889	—	25	935	2	2	982	4	13	1039	9	—
890	—	8	936	—	15	983	—	1	1040	—	5
891	1	6	937	1	5	984	1	21	1041	—	8
892	1	5	938	—	15	985	1	—	1042	—	7
893	—	16	939	1	18	986	3	21	1043	2	25
894	—	16	940	—	4	987	1	5	1044	3	10
895	1	—	941	—	16	988	—	2	1045	2	—
896	—	21	942	—	1	989	2	8	1046	—	10
897	—	12	943	—	1	990	—	1	1047	—	12
898	3	—	944	—	1	991	4	—	1048	—	20
899	4	16	945	—	4	992	—	20	1049	—	—
900	—	11	946	—	4	993	—	1	1050	—	1
901	2	16	947	—	4	994	—	5	1051	—	—
902	—	10	948	5	—	995	1	5	1052	—	1
903	1	25	949	2	12	996	1	10	1053	2	9
904	2	1	950	—	7	997	—	1	1054	—	4
905	2	1	951	—	9	998	2	12	1055	—	—
906	3	7	952	2	12	999	—	1	1056	—	2
907	1	12	953	—	8	1000	—	1	1057	—	22
908	3	—	954	—	10	1001	—	—	1058	—	3
909	2	—	955	—	8	1002	—	2	1059	2	11
910	4	21	956	2	—	1003	—	1	1060	—	—
911	2	15	957	—	—	1004	—	1	1061	2	15
912	1	5	958	—	5	1005 bis 1018	46	—	1062	—	4
913	1	25	959	—	1				1063	—	5
914	—	15	960	—	1	1019	4	—	1064	—	1
915	1	10	961	—	1	1020	1	—	1065	—	3
916	—	8	962	—	12				1066	—	16

Nummer			Nummer			Nummer			Nummer		
1067	—	16	1113	1	10	1159	—	6	1205	—	2
1068	—	16	1114	2	—	1160	—	24	1206	1	7
1069	1	20	1115	3	—	1161	4	20	1207	1	—
1070	1	15	1116	—	4	1162	1	—	1208	—	1
1071	1	5	1117	—	5	1163	—	5	1209	—	1
1072	12	1	1118	1	16	1164	—	4	1210	—	2
1073	—	2	1119	1	10	1165	—	10	1211	—	11
1074	—	—	1120	—	26	1166	8	—	1212	—	16
1075	1	10	1121	—	10	1167	1	9	1213	—	—
1076	—	2	1122	—	21	1168	1	9	1214	—	10
1077	1	6	1123			1169	—	—	1215	—	1
1078	—	20	1124	—	22	1170	—	2	1216	—	10
1079	—	3	1125			1171	—	1	1217	—	20
1080	—	5	1126	—	11	1172	—	11	1218	—	16
1081	18	15	1127	3	—	1173	—	2	1219	2	10
1082	—	8	1128	5	—	1174	—	—	1220	1	—
1083	—	3	1129	—	6	1175	—	10	1221	—	26
1084	—	1	1130	1	10	1176	—	13	1222	—	6
1085	—	5	1131	—	1	1177	2	6	1223	—	8
1086	1	12	1132	—	—	1178	1	2	1224	—	3
1087	—	1	1133	—	1	1179	1	—	1225	3	26
1088	2	—	1134	—	—	1180	1	—	1226	2	11
1089	1	13	1135	—	2	1181	—	6	1227	—	4
1090	1	—	1136	—	—	1182	—	1	1228	4	15
1091	6	—	1137	1	4	1183	—	1	1229	—	8
1092	6	21	1138	—	3	1184	—	4	1230	—	1
1093	15	—	1139	—	8	1185	—	1	1231	—	1
1094	5	1	1140	—	—	1186	—	1	1232	—	1
1095	2	1	1141	—	4	1187	—	—	1233	—	3
1096	—	23	1142	—	—	1188	4	26	1234	—	1
1097	—	13	1143	—	4	1189	—	20	1235	1	—
1098	1	2	1144	33	—	1190	—	—	1236	—	1
1099	3	12	1145	—	1	1191	—	1	1237	69	1
1100	3	—	1146	3	—	1192	—	12	1238	—	8
1101	3	10	1147	2	15	1193	4	15	1239	—	1
1102	9	1	1148	1	11	1194	—	12	1240	—	2
1103	—	6	1149	—	—	1195	1	—	1241	—	1
1104	10	29	1150	—	22	1196	1	20	1242	—	1
1105	13	1	1151	—	3	1197	—	2	1243	1	20
1106	1	25	1152	—	6	1198	1	10	1244	6	—
1107	—	16	1153	—	1	1199	—	2	1245	—	20
1108	1	16	1154	4	—	1200	—	3	1246	—	20
1109	—	26	1155	—	3	1201	—	21	1247	—	8
1110	—	21	1156	—	19	1202	—	1	1248	—	1
1111	—	27	1157			1203	—	—	1249	—	4
1112	2	22	1158	—	—	1204	—	1	1250	—	8

Nummer	Rd	ng	Nummer	Rd	ng	Nummer	Rd	ng	Nummer
1251	—	28	1277	1	15	1302	—	1	1328
1252	—	1	1278)			1303	—	—	1329
1253	—	2	1279(	2	29	1304	—	6	1330
1254	6	28	1280)			1305	—	20	1331
1255	3	10	1281)			1306	—	1	1332
1256	—	4	1282	5	—	1307	—	6	1333
1257	—	1	1283	1	16	1308	1	10	1334
1258	—	10	1284	—	—	1309	1	20	1335
1259	—	4	1285	—	24	1310	2	16	1336
1260	—	20	1286	—	1	1311	4	—	1337
1261	1	—	1287	—	—	1312	26	25	1338
1262	1	9	1288	1	13	1313	—	2	1339
1263	—	12	1289	2	—	1314	1	15	1340
1264	1	6	1290	3	—	1315	3	—	1341
1265	—	—	1291a	—	6	1316	1	9	1342
1266	2	15	1291b	2	20	1317	—	26	1343
1267	—	—	1292	1	20	1318	2	—	1344
1268	—	1	1293	3	15	1319	1	—	1345
1269	—	5	1294	1	26	1320	2	5	1346
1270	1	10	1295	3	12	1321	—	29	1347
1271	—	20	1296	—	16	1322	4	19	1348
1272	1	15	1297	25	—	1323	3	16	1349
1273	—	8	1298	1	15	1324	14	1	1350
1274	—	28	1299	—	5	1325	—	22	1351
1275	1	15	1300	—	20	1326	3	15	1352
1276	—	10	1301	—	4	1327	—	10	